Singapore Math®
by Marshall Cavendish
en español

Práctica adicional y tarea

Consultor del programa
Dr. Fong Ho Kheong

Autores
Chelvi Ramakrishnan
Michelle Choo
Dr. Fong Ho Kheong

Distribuidor en Estados Unidos

Published by Marshall Cavendish Education
Times Centre, 1 New Industrial Road, Singapore 536196
Customer Service Hotline: (65) 6213 9688
US Office Tel: (1-914) 332 8888 | Fax: (1-914) 332 8882
E-mail: cs@mceducation.com
Website: www.mceducation.com

Distributed by
Houghton Mifflin Harcourt
125 High Street
Boston, MA 02110
Tel: 617-351-5000
Website: www.hmhco.com/programs/math-in-focus

First published 2020

ISBN 978-0-358-30991-8

Printed in Singapore

4 5 6 7 8 9 10 1401 29 28 27 26
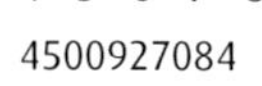
4500927084 B C D E F

La imagen de portada muestra una llama.
Las llamas viven en manadas en las montañas de Sudamérica.
A las llamas bebes se les llama crías.
A menudo las llamas son usadas como los caballos y los burros para transportar cosas.
Las llamas son animales muy inteligentes y aprenden rápido tareas fáciles. Su lana suave puede ser usada para hacer ropa cálida como bufandas y sueteres.

Contenido

Prefacio

Math in Focus® ***Práctica adicional y tarea*** fue escrito para usar con **Math in Focus®** ***Libro del estudiante*** y respaldar tu aprendizaje.

El libro ofrece actividades y problemas que siguen de cerca lo que aprendiste en el Libro del estudiante.

- En **Actividades**, practicas los conceptos y habilidades que aprendiste en el Libro del estudiante, para que domines los conceptos y refuerces tu confianza.
- En el **DIARIO DE MATEMÁTICAS**, reflexionas en lo que piensas cuando escribes tus ideas sobre los conceptos de matemáticas que aprendiste.
- En **¡DESAFÍA TU MENTE!**, desarrollas tus habilidades de resolución de problemas y razonamiento crítico y te retas a aplicar los conceptos de diferentes maneras.

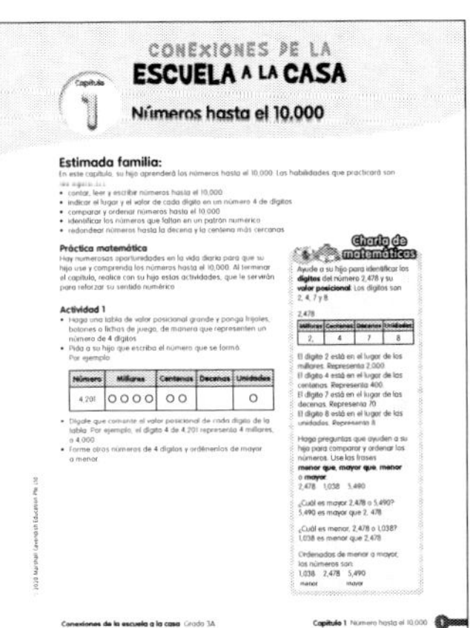

CONEXIONES DE LA ESCUELA A LA CASA

Capítulo 1

Números hasta el 10.000

Estimada familia:

En este capítulo, su hijo aprenderá los números hasta el 10.000. Las habilidades que practicará son las siguientes:

- contar, leer y escribir números hasta el 10.000
- indicar el lugar y el valor de cada dígito en un número 4 de dígitos
- comparar y ordenar números hasta el 10.000
- identificar los números que faltan en un patrón numérico
- redondear números hasta la decena y la centena más cercanas

Práctica matemática

Hay numerosas oportunidades en la vida diaria para que su hijo use y comprenda los números hasta el 10.000. Al terminar el capítulo, realice con su hijo estas actividades, que le servirán para reforzar su sentido numérico.

Actividad 1

- Haga una tabla de valor posicional grande y ponga frijoles, botones o fichas de juego, de manera que representen un número de 4 dígitos.
- Pida a su hijo que escriba el número que se formó. Por ejemplo:

Número	Millares	Centenas	Decenas	Unidades
4,201	O O O O	O O		O

- Dígale que comente el valor posicional de cada dígito de la tabla. Por ejemplo, el dígito 4 de 4,201 representa 4 millares, o 4.000.
- Forme otros números de 4 dígitos y ordénenlos de mayor a menor.

Charla de matemáticas

Ayude a su hijo para identificar los **dígitos** del número 2,478 y su **valor posicional**. Los dígitos son 2, 4, 7 y 8.

2,478

Millares	Centenas	Decenas	Unidades
2	4	7	8

El dígito 2 está en el lugar de los millares. Representa 2.000.
El dígito 4 está en el lugar de las centenas. Representa 400.
El dígito 7 está en el lugar de las decenas. Representa 70.
El dígito 8 está en el lugar de las unidades. Representa 8.

Haga preguntas que ayuden a su hijo para comparar y ordenar los números. Use las frases **menor que**, **mayor que**, **menor** o **mayor**.

2,478 1,038 5,490

¿Cuál es mayor 2,478 o 5,490?
5,490 es mayor que 2, 478

¿Cuál es menor, 2,478 o 1,038?
1,038 es menor que 2,478

Ordenados de menor a mayor, los números son:
1,038 2,478 5,490
menor mayor

© 2020 Marshall Cavendish Education Pte Ltd

Conexiones de la escuela a la casa Grado 3A — Capítulo 1 Número hasta el 10.000 1

Este libro contiene también **CONEXIONES DE LA ESCUELA A LA CASA**. En cartas a la familia se resumen los objetivos de aprendizaje y el principal vocabulario matemático que estás usando. Las cartas tienen además una o más actividades que tu familia puede realizar contigo para reforzar tu aprendizaje.

PÁGINA EN BLANCO

CONEXIONES DE LA
ESCUELA A LA CASA

Capítulo 1

Números hasta el 10,000

Estimada familia:

En este capítulo, su hijo aprenderá los números hasta el 10,000. Las habilidades que practicará son las siguientes:

- contar, leer y escribir números hasta el 10,000
- indicar el lugar y el valor de cada dígito en un número 4 de dígitos
- comparar y ordenar números hasta el 10,000
- identificar los números que faltan en un patrón numérico
- redondear números hasta la decena y la centena más cercanas

Práctica matemática

Hay numerosas oportunidades en la vida diaria para que su hijo use y comprenda los números hasta el 10,000. Al terminar el capítulo, realice con su hijo estas actividades, que le servirán para reforzar su sentido numérico.

Actividad 1

- Haga una tabla de valor posicional grande y ponga frijoles, botones o fichas de juego, de manera que representen un número de 4 dígitos.
- Pida a su hijo que escriba el número que se formó. Por ejemplo:

Número	Millares	Centenas	Decenas	Unidades
4,201	○ ○ ○ ○	○ ○		○

- Pídale a su hijo que comente el valor posicional de cada dígito de la tabla. Por ejemplo, el dígito 4 de 4,201 representa 4 millares o 4,000.
- Forme otros números de 4 dígitos y ordénenlos de mayor a menor.

Ayude a su hijo para identificar los **dígitos** del número 2,478 y su **valor posicional**. Los dígitos son 2, 4, 7 y 8.

2,478

Millares	Centenas	Decenas	Unidades
2,	4	7	8

El dígito 2 está en el lugar de los millares. Representa 2,000.
El dígito 4 está en el lugar de las centenas. Representa 400.
El dígito 7 está en el lugar de las decenas. Representa 70.
El dígito 8 está en el lugar de las unidades. Representa 8.

Haga preguntas que ayuden a su hijo para comparar y ordenar los números. Use las frases **menor que**, **mayor que**, **menor** o **mayor**.

2,478 1,038 5,490

¿Cuál es mayor 2,478 o 5,490?
5,490 es mayor que 2, 478.

¿Cuál es menor, 2,478 o 1,038?
1,038 es menor que 2,478.

Ordenados de menor a mayor, los números son:
1,038 2,478 5,490
menor mayor

Actividad 2

- Vaya con su hijo a una tienda de artículos electrónicos y vean algunos artículos caros. O bien, consulten artículos electrónicos y electrodomésticos anunciados en volantes y en internet.
- Pida a su hijo que escoja tres artículos con precios de miles, pero de menos de $10,000 dólares, y que los lea en voz alta, señalando cada dígito conforme lee.
- Dígale que compare los precios y que los ordene de mayor a menor o de menor a mayor.
- Seleccione uno de los artículos que escogió su hijo. Pregúntele: "Si tuviera un cupón de descuento de $10 dólares, ¿cuánto me costaría este artículo?". "Si tuviera un cupón de descuento de $100 dólares, ¿cuánto pagaría?". "Si tuviera un cupón de descuento de $1,000 dólares, ¿cuánto me costaría?".
- Repitan la actividad con otros artículos escogidos por su hijo.

Nombre: ______________________ Fecha: ____________

Práctica adicional y tarea
Números hasta el 10,000

Actividad 1 Contar hasta el 10,000

Cuenta para hallar cada respuesta.

1. 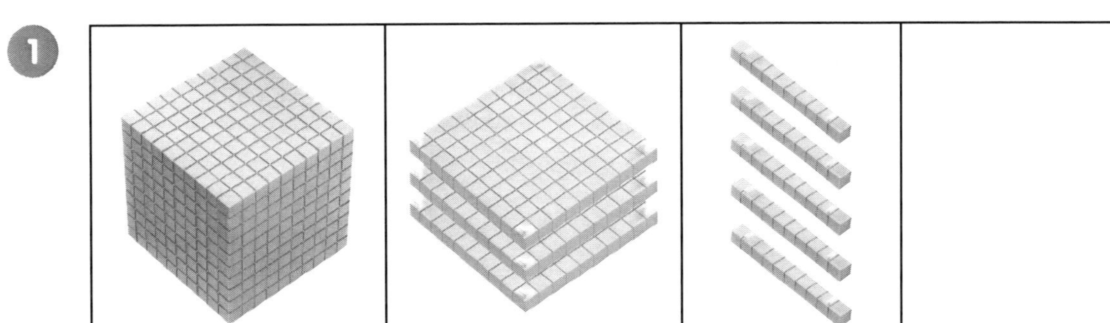

1,000

1,100 1,200 ______

______ 1,320 ______ 1,340 ______

2. 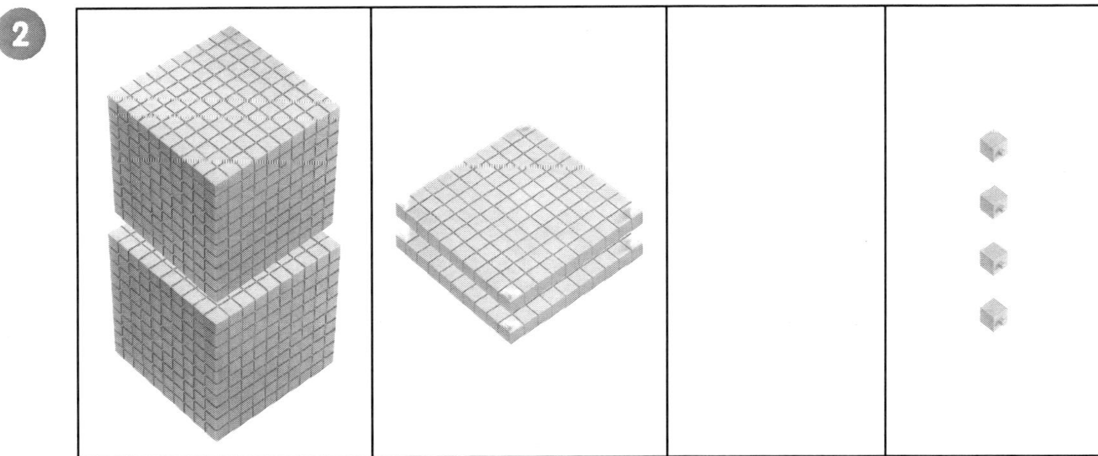

1,000 ______

______ 2,200

2,201 ______ 2,203 ______

3

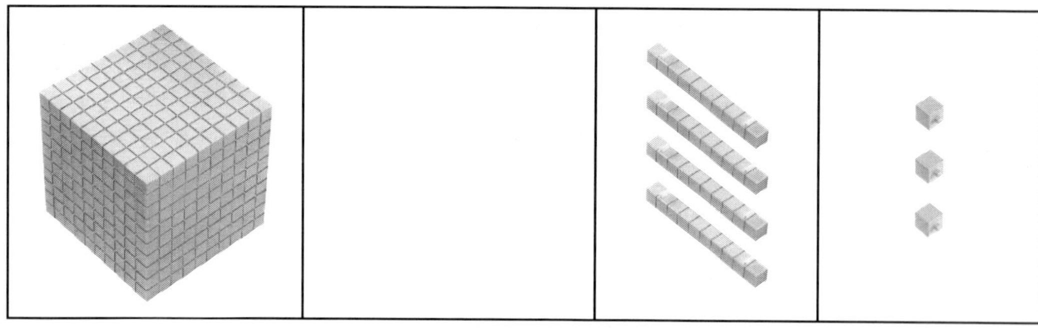

____

1,010 ________ ________ 1,040

1,041 1,042 ________

4

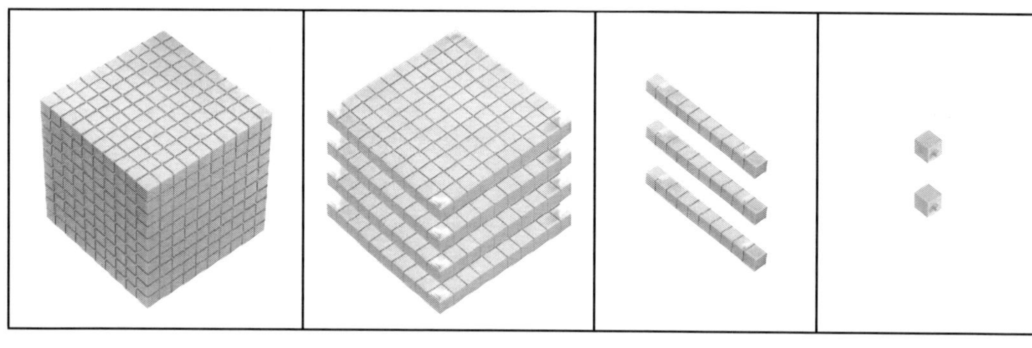

____

1,100 ________ ________ 1,400

________ 1,420 ________

1,431 ________

Halla los números que faltan.
Cuenta hacia delante de uno en uno, de diez en diez, de cien en cien o de mil en mil.

5. 82 1,082 2,082 ________ ________ ________
6. 4,105 4,205 4,305 ________ ________ ________
7. 3,047 3,057 3,067 ________ ________ ________
8. 6,895 6,896 6,897 ________ ________ ________

Nombre: ______________________ Fecha: ____________

Práctica adicional y tarea
Números hasta el 10,000

Actividad 2 Valor posicional

Completa cada espacio en blanco.

1. 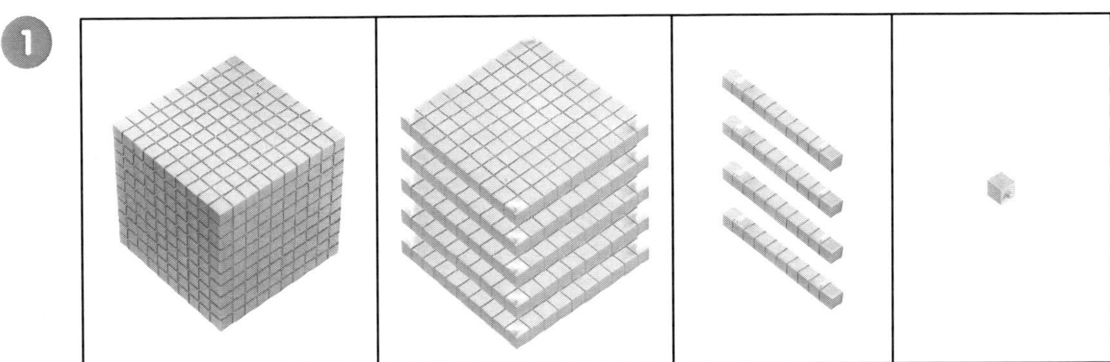

1,000 + 500 + 40 + 1 = ____________

1,000, 500, 40, y 1 forman ____________.

2. 

2,000 + 30 + 4 = ____________

2,000, 30, y 4 forman ____________.

3 a $7{,}000 + 5 =$ ________

b $6{,}000 + 100 + 7 =$ ________

c ________ $+ 900 + 4 = 8{,}904$

d $9{,}000 +$ ________ $+ 4 = 9{,}074$

e $7{,}856 = 7{,}000 +$ ________ $+ 50 + 6$

f $3{,}432 = 3{,}000 +$ ________ $+ 30 + 2$

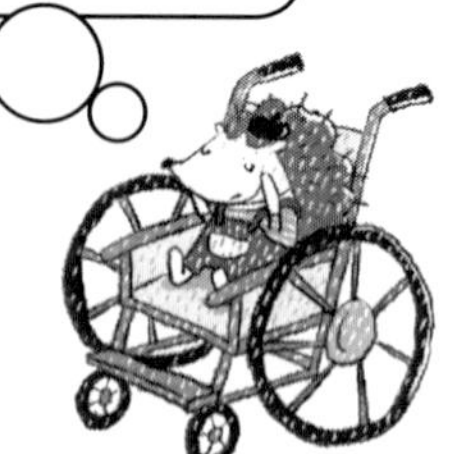

¿Cuál es el valor de cada ☺?

4 a $9{,}621 =$ ☺ $+ 621$

☺ = ________

b $7{,}000 +$ ☺ $+ 49 = 7{,}549$

☺ = ________

Halla cada número que falte.

5 a

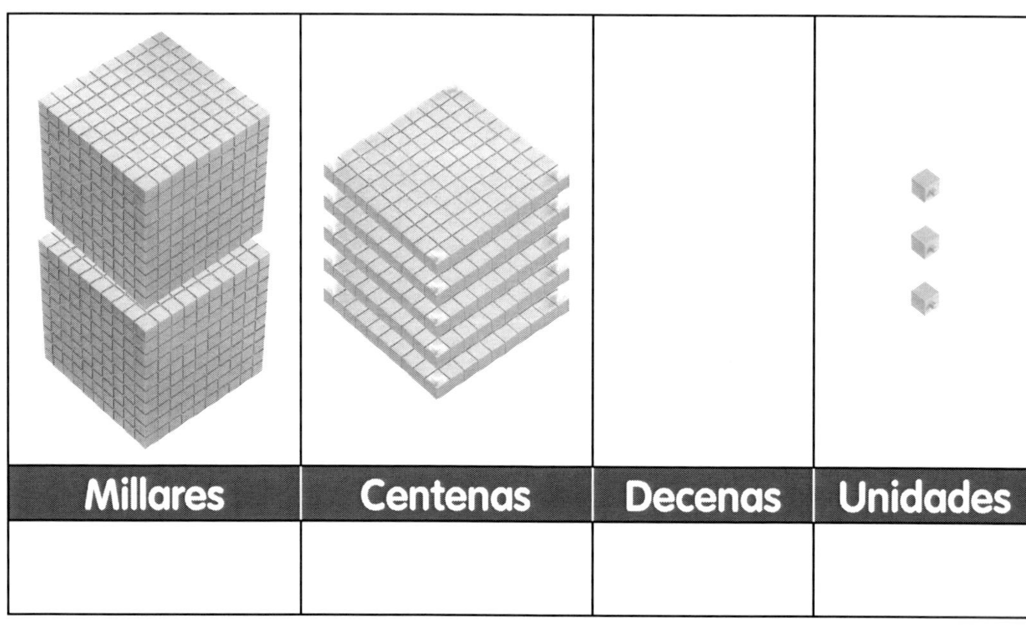

Millares	Centenas	Decenas	Unidades

b El dígito ____________ está en el lugar de los millares.

El dígito ____________ está en el lugar de las centenas.

El dígito ____________ está en el lugar de las decenas.

El dígito ____________ está en el lugar de las unidades.

2, 5 0 3

c El valor del dígito 2 es ____________.

El valor del dígito 5 es ____________.

El valor del dígito 0 es ____________.

El valor del dígito 3 es ____________.

6 a

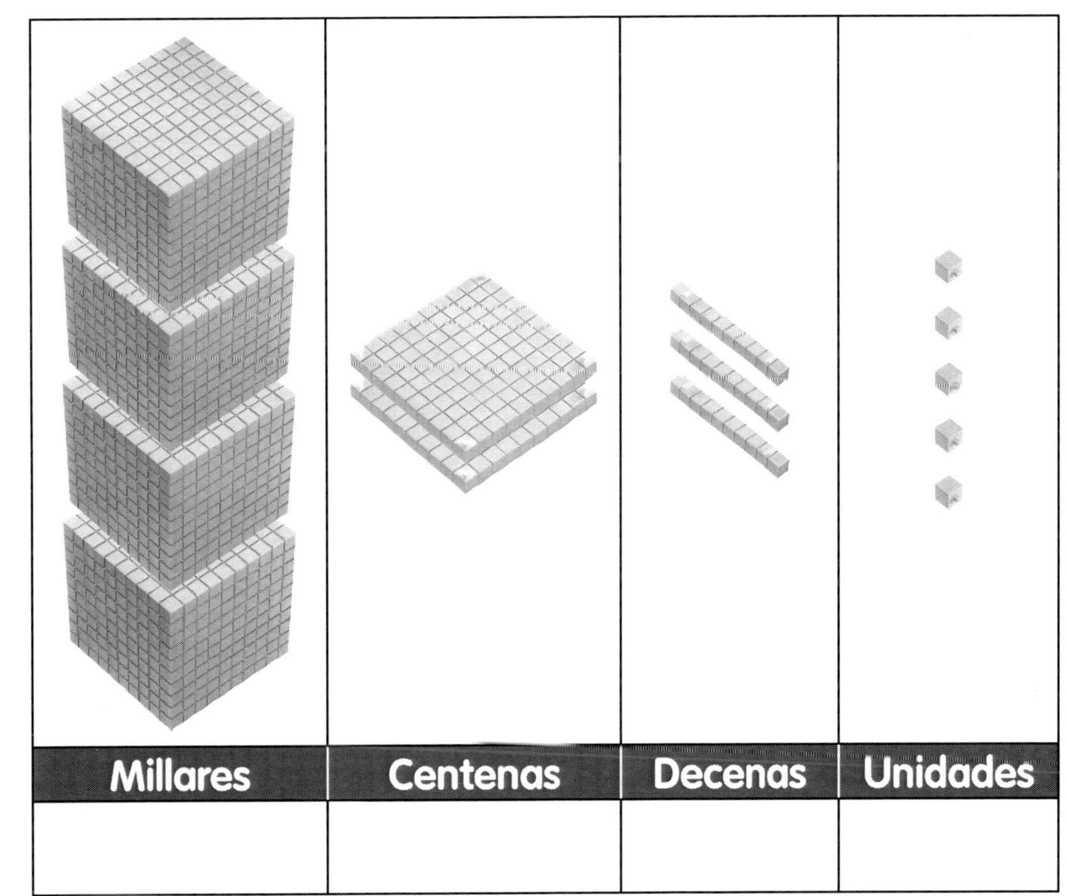

Millares	Centenas	Decenas	Unidades

b El dígito ____________ está en el lugar de los millares.

El dígito ____________ está en el lugar de las centenas.

El dígito ____________ está en el lugar de las decenas.

El dígito ____________ está en el lugar de las unidades.

4,235

c El valor del dígito 4 es ____________.

El valor del dígito 2 es ____________.

El valor del dígito 3 es ____________.

El valor del dígito 5 es ____________.

7 En 5,426

a el valor del dígito 5 es ____________.

b el valor del dígito 4 es ____________.

c el valor del dígito 2 es ____________.

d el valor del dígito 6 es ____________.

5,426

8. En 4,703

a. el valor del dígito 4 es ________.
b. el valor del dígito 7 es ________.
c. el valor del dígito 0 es ________.
d. el valor del dígito 3 es ________.

4,	7	0	3

9. En 9,854

a. el valor del dígito 9 es ________.
b. el valor del dígito 8 es ________.
c. el valor del dígito 5 es ________.
d. el valor del dígito 4 es ________.

9,	8	5	4

Usa una tabla de valor posicional como ayuda para hallar el lugar y el valor de cada dígito.

10. a. En 7,019, el dígito ________ está en el lugar de los millares.

b. En 7,019, el dígito ________ está en el lugar de las centenas.

c. En 7,019, el dígito ________ está en el lugar de las decenas.

d. En 7,019, el dígito ________ está en el lugar de las unidades.

11 a En 2,548, el valor del dígito 4 es __________.

b En 3,467, el valor del dígito 3 es __________.

c En 6,321, el valor del dígito 1 es __________.

d En 8,675, el valor del dígito 7 es __________.

Escribe los números en forma desarrollada, forma estándar y forma con palabras.

Forma desarrollada: ______________________________

Forma estándar: ______________________________

Forma con palabras: ______________________________

Forma desarrollada: ______________________________

Forma estándar: ______________________________

Forma con palabras: ______________________________

Forma desarrollada: ______________________________

Forma estándar: ______________________________

Forma con palabras: ______________________________

Forma desarrollada: ______________________________

Forma estándar: ______________________________

Forma con palabras: ______________________________

Forma desarrollada: ______________________________

Forma estándar: ______________________________

Forma con palabras: ______________________________

17 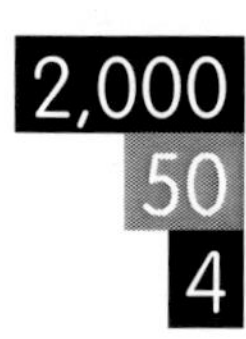

Forma desarrollada: ____________________

Forma estándar: ____________________

Forma con palabras: ____________________

Completa cada espacio en blanco.

18 Escribe un número de 4 dígitos que tenga el dígito 5 en la posición de los millares y el dígito 1 en el lugar de las decenas. ________

19 Escribe un número que tenga el dígito 8 en el lugar de los millares, pero que sea menor que 8,050. ________

20 ☺ + 2 = 3,002

☺ + 725 = ________

6,000 + ☺ + 20 + 6 = ________

Nombre: ______________________ Fecha: ____________

Práctica adicional y tarea
Números hasta el 10,000

Actividad 3 Comparar y ordenar números

Completa cada espacio en blanco.

1 a ¿Cuál es mayor, 1,233 o 1,241?

________ es mayor que ________.

b ¿Cuál es menor, 1,120 o 1,234?

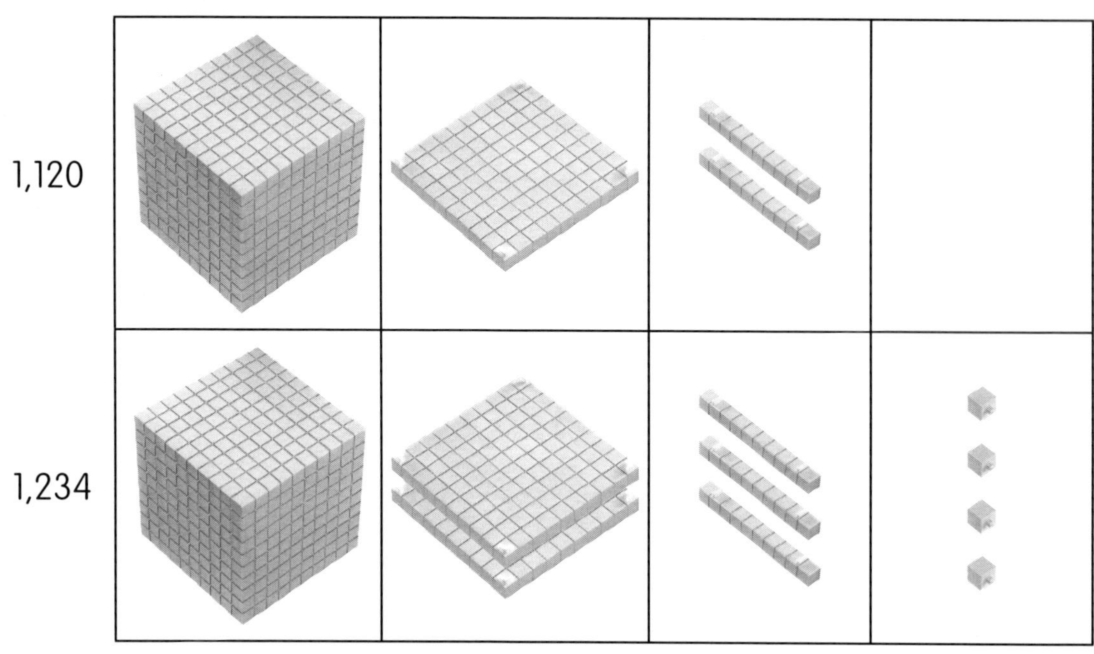

________ es menor que ________.

2 **a** ¿Cuál es menor, 3,409 o 710?

Millares	Centenas	Decenas	Unidades
3	4	0	9
	7	1	0

________ es menor que ________.

b ¿Cuál es mayor, 6,820 o 5,946?

Millares	Centenas	Decenas	Unidades
6	8	2	0
5	9	4	6

________ es mayor que ________.

c ¿Cuál es mayor, 9,238 o 9,328?

Millares	Centenas	Decenas	Unidades
9	2	3	8
9	3	2	8

________ es mayor que ________.

d ¿Cuál es menor, 2,785 o 2,759?

Millares	Centenas	Decenas	Unidades
2	7	8	5
2	7	5	9

________ es menor que ________.

Compara los pares de números. Escribe > o <.

3 a 1,387 ◯ 1,385

b 3,628 ◯ 3,682

Completa cada espacio en blanco con "mayor que" o "menor que".

4 a 1,999 es ____________________ 2,000.

b 2,391 es ____________________ 2,099.

5 **Ordena los números de mayor a menor.**

mayor menor

6 **Ordena los números de menor a mayor.**

menor mayor

Observa las rectas numéricas y completa cada espacio en blanco.

7 a ¿Cuál es mayor, 3,800 o 2,600?

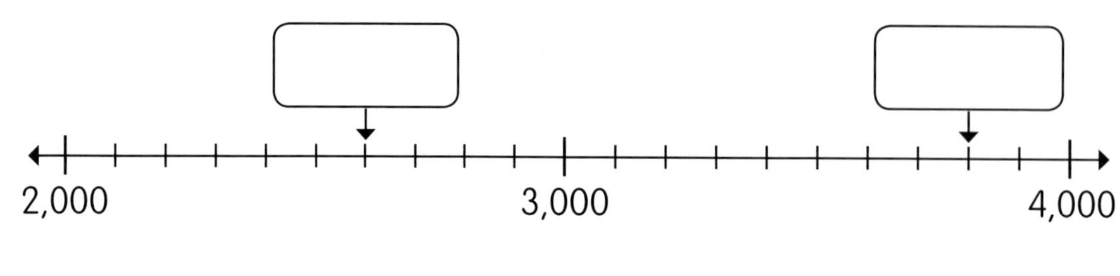

_______ es mayor que _______.

b ¿Cuál es menor, 5,120 o 5,150?

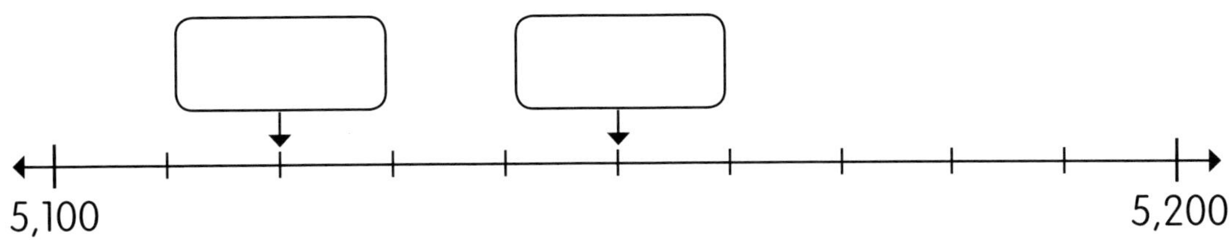

________ es menor que ________.

c ¿Cuál es mayor, 3,861 o 3,853?

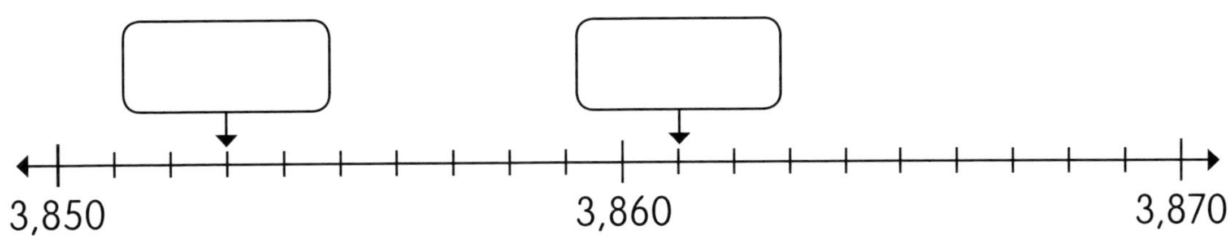

________ es mayor que ________.

Halla el patrón. Luego, completa cada espacio en blanco.

8

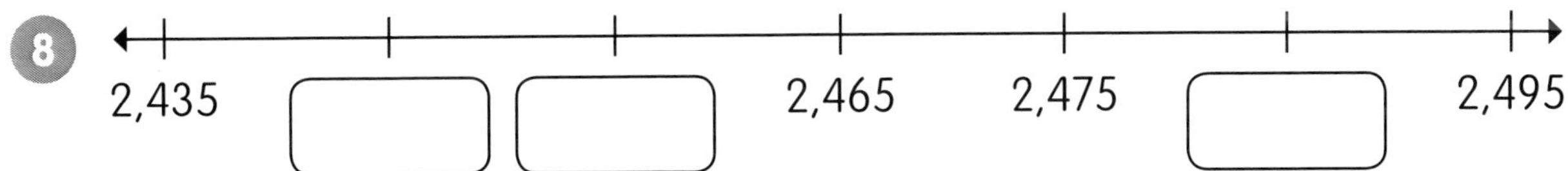

9

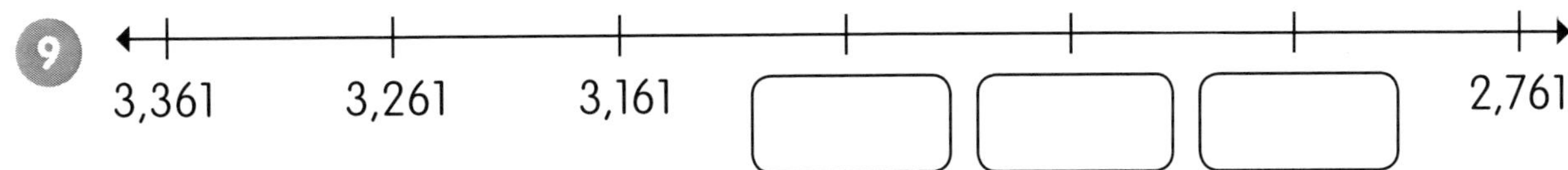

10

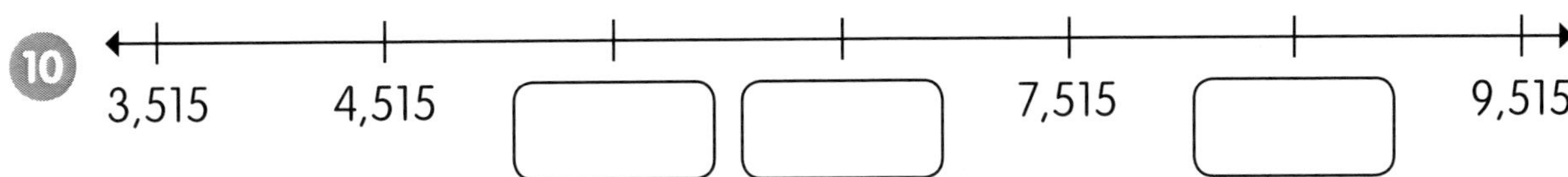

11 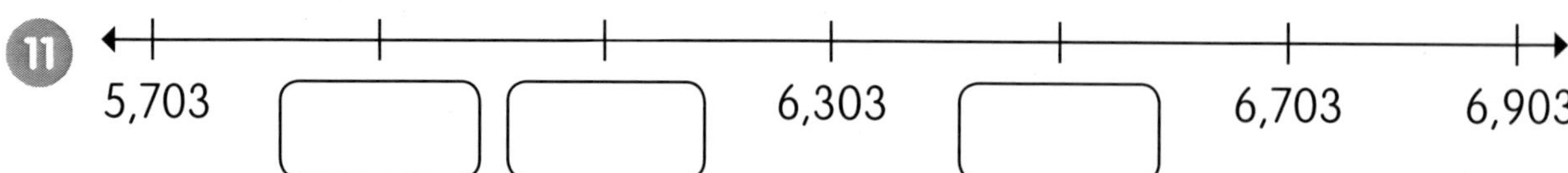

12 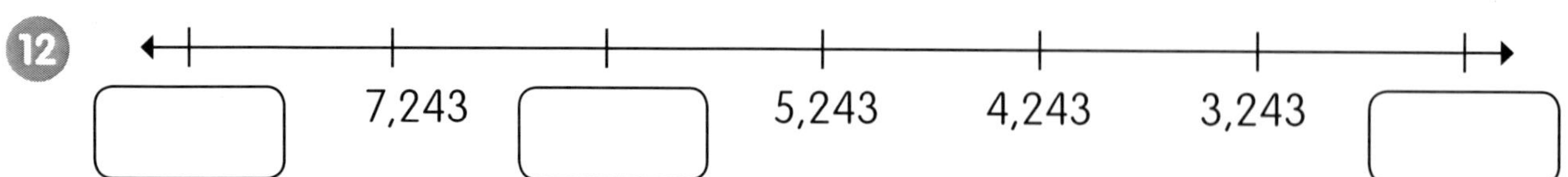

13 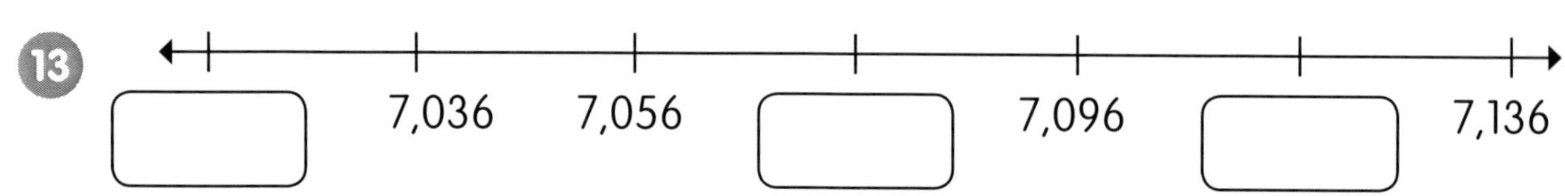

Completa los patrones numéricos. Traza una recta numérica como ayuda.

14

_______ _______ _______ 5,755 5,765 5,775

15

8,625 8,725 _______ _______ 9,025 9,125

16

862 1,862 _______ 3,862 4,862 _______

17

6,315 6,215 6,115 _______ _______ _______

Resuelve.

18 Usa los dígitos 6, 4, 7 y 0 una sola vez para formar un número mayor que 7,300.

Nombre: ______________________ Fecha: ____________

Práctica adicional y tarea
Números hasta el 10,000

Actividad 4 Redondear números a la decena más cercana

Completa las tablas de valor posicional. Luego, completa los espacios en blanco con "menor que", "o mayor", "no cambia" "suma 1 a" o "cero".

1. Redondea 1,034 a la decena más cercana.

Millares	Centenas	Decenas	Unidades

El dígito a la derecha del lugar de las decenas es ____________ 5.

Entonces, __________ el dígito que está en el lugar de las decenas.

Luego, remplaza el dígito a la derecha de las decenas con ______.

1,034 es ____________ si se redondea a la decena más cercana.

2. Redondea 2,547 a la decena más cercana.

Millares	Centenas	Decenas	Unidades

El dígito a la derecha del lugar de las decenas es 5 ____________.

Entonces, __________ el dígito que está en el lugar de las decenas.

Luego, remplaza el dígito a la derecha de las decenas con ______.

2,547 es ____________ si se redondea a la decena más cercana.

Marca (✗) cada número en la recta numérica.
Luego, redondea los números a la decena más cercana.

3 Redondea 6,721 a la decena más cercana.

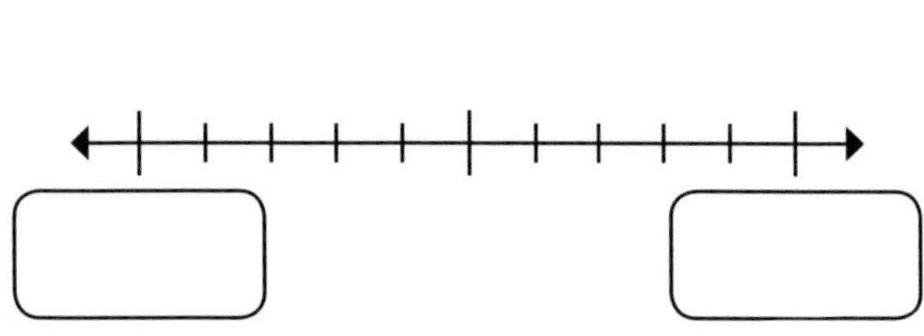

6,721 está entre ______ y ______.

6,721 está más cerca de ______ que de ______.

6,721 es ______ si se redondea a la decena más cercana.

4 Redondea 9,285 a la decena más cercana.

9,285 está exactamente a la mitad entre ______ y ______.

9,285 es ______ si se redondea a la decena más cercana.

Redondea el precio de cada objeto a la decena más cercana.

	Objeto	Precio	Redondeado a la decena más cercana
5	Libro	$45	
6	Alfombra	$213	
7	Juego de sala	$4,599	

Resuelve.

8 ¿Cuál es el número menor que da como resultado 1,680 cuando se redondea a la decena más cercana?

Nombre: ______________________ Fecha: ____________

Práctica adicional y tarea
Números hasta el 10,000

Actividad 5 Redondear números a la centena más cercana

Completa las tablas de valor posicional. Luego, completa cada espacio en blanco con "menor que", "o mayor", "no cambia" "suma 1 a" o "cero(s)".

1. Redondea 950 a la centena más cercana.

Centenas	Decenas	Unidades

El dígito a la derecha del lugar de las centenas es 5 ____________.

Entonces, __________ el dígito que está en el lugar de las centenas.

Luego, remplaza el dígito a la derecha del lugar de las centenas con __________.

950 es __________ si se redondea a la centena más cercana.

2. Redondea 1,234 a la centena más cercana.

Millares	Centenas	Decenas	Unidades

El dígito a la derecha del lugar de las centenas es ____________ 5.

Entonces, __________ el dígito que está en el lugar de las centenas.

Luego, remplaza el dígito a la derecha del lugar de las centenas con __________.

1,234 es __________ si se redondea a la centena más cercana.

Marca (X) cada número en la recta numérica.
Luego, redondea los números a la centena más cercana.

3 Redondea 6,750 a la centena más cercana.

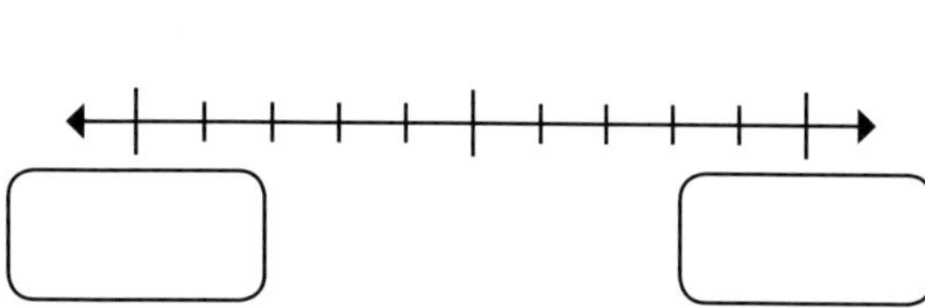

6,750 está exactamente a la mitad entre ________ y ________.

6,750 es ________ si se redondea a la centena más cercana.

4 Redondea 7,996 a la centena más cercana.

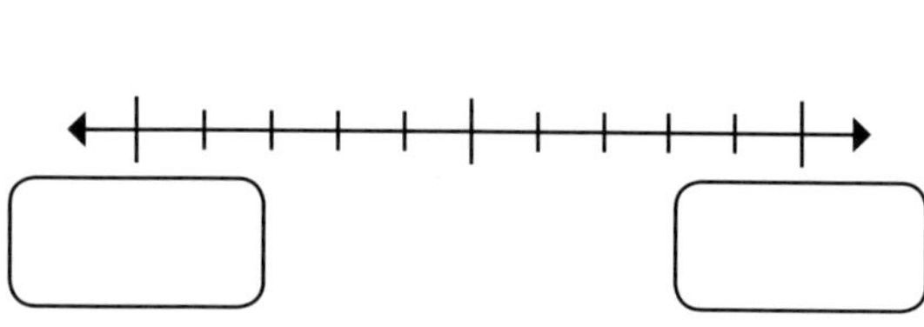

7,996 está entre ________ y ________.

7,996 está más carca de ________ que de ________.

7,996 es ________ si se redondea a la centena más cercana.

Redondea cada número a la centena más cercana.

	Número	Redondeado a la centena más cercana
5	47	
6	755	
7	1,345	

Resuelve.

8 ¿Cuál es el número mayor que da como resultado 6,000 si se redondea a la centena más cercana?

Nombre: ________________________ Fecha: ____________

1 **Hábito para matemáticas 7 Usar la estructura**

Observa los siguientes números.

6,128 6,228

a Escribe tres enunciados que indiquen en qué son semejantes.

____

____

____

b Escribe un enunciado que indique en qué son diferentes.

____

____

2 Observa los siguientes números.

4,816 3,814

a Escribe tres enunciados que indiquen en qué son semejantes.

____

____

b Escribe tres enunciados que indiquen en qué son diferentes.

____

____

____

____

¡DESAFÍA TU MENTE!

1 **Hábito para matemáticas 7 Usar la estructura**

Los números están ordenados en un patrón.
Halla los números que faltan.

1,042	1,041		1,039	
				1,039
				1,040
	1,048	1,047		
		1,046		
	1,046		1,044	1,043

2 **Hábito para matemáticas 2 Usar el razonamiento matemático**

Soy un número de 4 dígitos.
Mis dígitos en el lugar de las decenas y las unidades son el mismo.
Mi dígito en el lugar de las centenas es 4 más que mi dígito en el lugar de las decenas
Mi dígito en el lugar de los millares es 1 menos que mi dígito en el lugar de las centenas.

Millares	Centenas	Decenas	Unidades

Soy ______________.

Hay muchas respuestas posibles.

CONEXIONES DE LA
ESCUELA A LA CASA

Capítulo 2

Suma hasta el 10,000

Estimada familia:

En este capítulo, su hijo aprenderá a sumar números hasta el 10,000. Las habilidades que practicará son las siguientes:

- identificar patrones aritméticos
- sumar mentalmente números de 2 dígitos
- sumar con fluidez hasta el 1,000
- sumar números de hasta 4 dígitos sin reagrupación
- sumar números de hasta 4 dígitos con reagrupación
- resolver problemas cotidianos

Práctica matemática

Hay numerosas oportunidades en la vida cotidiana para que su hijo sume números. Al terminar el capítulo, realice con su hijo estas actividades, que le servirán para practicar la suma de números.

Actividad 1

- Busquen en internet números reales para sumar. Verifique que el total, o la suma, no pase de 10,000.
- Pida a su hijo que estime cuántas personas visitan un lugar favorito, como un parque, un estadio o un museo, en un fin de semana cualquiera.
- Luego, pídale que calcule el total de visitantes en un fin de semana cualquiera.

Actividad 2

- Investiguen en internet el costo de admisión para niños y adultos en su cine favorito.
- Pida a su hijo que redondee el costo hasta el dólar más cercano.
- Luego, pídale que sume mentalmente el costo de ir juntos a ver una película.

Explique a su hijo que la **suma** es el total o el resultado de un problema de suma. Pídale que halle la suma de 1,536 y 2,442.
1,536 + 2,442 = 3,978
3,978 es la suma de 1,536 más 2,442.

Hable con su hijo sobre la **reagrupación**.
Por ejemplo, reagrupen:
10 unidades en 1 decena;
10 decenas en 1 centena, y
10 centenas en 1 millar.

Ayude a su hijo a reagrupar para hallar la suma de 1,536 y 2,875.

$$\begin{array}{r} {}^{1}\ {}^{1}\ {}^{1}\ \ \\ 1,536 \\ +\ 2,875 \\ \hline 4,411 \end{array}$$

Reagrupen 11 unidades en 1 decena y 1 unidad.
Reagrupen 11 decenas en 1 centena y 1 decena.
Reagrupen 14 centenas en 1 millar y 4 centenas.
1,536 + 2,875 = 4,411

PÁGINA EN BLANCO

Nombre: ______________________ Fecha: __________

Práctica adicional y tarea
Suma hasta el 10,000

Actividad 1 Patrones de suma

Suma los pares de números formando 10.

1. $6 + 7 =$ __________
2. $4 + 9 =$ __________
3. $9 + 6 =$ __________
4. $8 + 8 =$ __________

Suma los pares de números formando 5.

5. $9 + 5 =$ __________
6. $6 + 5 =$ __________
7. $5 + 8 =$ __________
8. $5 + 7 =$ __________

Suma los conjuntos de números.

9. $4 + 3 + 8 =$ __________
10. $9 + 5 + 7 =$ __________
11. $7 + 8 + 2 =$ __________
12. $6 + 4 + 5 =$ __________

Completa las sumas de dos maneras diferentes.

13. $? + 3 + ? = 9$

    __________ $+ 3 +$ __________ $= 9$

    __________ $+ 3 +$ __________ $= 9$

14. $? + ? + 7 = 15$

    __________ $+$ __________ $+ 7 = 15$

    __________ $+$ __________ $+ 7 = 15$

Describe cada patrón. Usa la tabla de suma como ayuda.

15 Observa la diagonal de cincos. ¿Qué observas?

____

____

16 Suma las dos diagonales que cruzan cualquier cuadrado de la tabla de suma. ¿Qué observas?

____

____

17 Suma los números de las diagonales que se indican. ¿Qué observas sobre las sumas?

+	0	1	2	3	4	5	6	7	8	9
0	0	1	2	3	4	5	6	7	8	9
1	1	2	3	4	5	6	7	8	9	10
2	2	3	4	5	6	7	8	9	10	11
3	3	4	5	6	7	8	9	10	11	12
4	4	5	6	7	8	9	10	11	12	13
5	5	6	7	8	9	10	11	12	13	14
6	6	7	8	9	10	11	12	13	14	15
7	7	8	9	10	11	12	13	14	15	16
8	8	9	10	11	12	13	14	15	16	17
9	9	10	11	12	13	14	15	16	17	18

____

____

Nombre: ______________________ Fecha: ____________

Práctica adicional y tarea
Suma hasta el 10,000

Actividad 2 Suma mental

Suma mentalmente cada par de números. Usa los números conectados como ayuda.

¿Puedes sumar 73 y 25 de otra manera?

1. Halla la suma de 73 y 25.

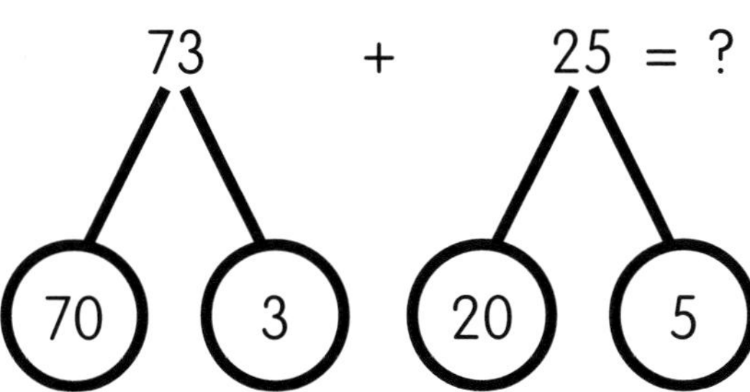

Suma las decenas.

70 + 20 = ______

Suma las unidades.

3 + 5 = ______

73 + 25 = ______ + ______

= ______

La suma de 73 y 25 es ______.

2. Halla la suma de 24 y 55.

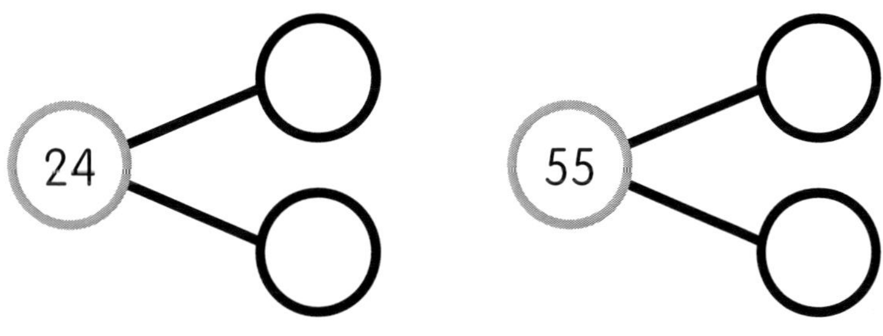

La suma de 24 y 55 es ______.

3. Halla la suma de 22 y 64.

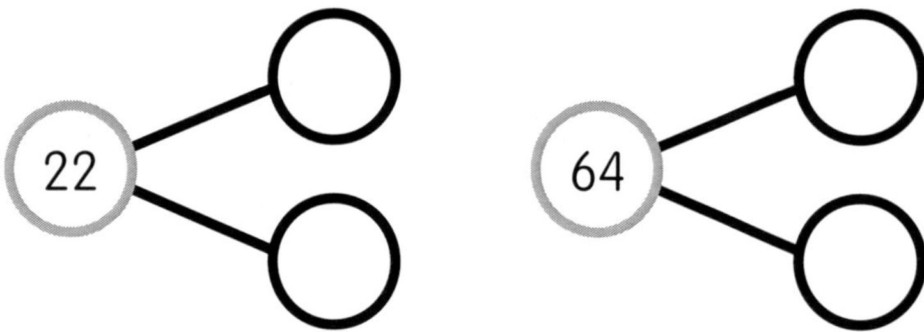

La suma de 22 y 64 es ________.

4. Suma 76 y 23.

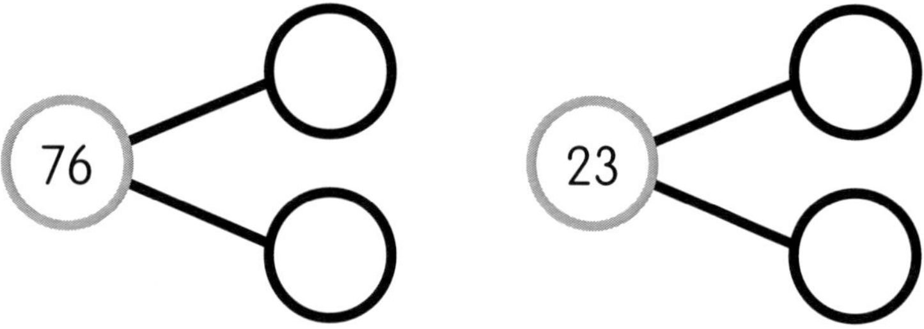

76 + 23 = ________

Suma mentalmente los pares de números. Forma números conectados como ayuda.

5. 16 + 81 = ________

6. 48 + 31 = ________

Suma mentalmente los pares de números. Usa el número conectado como ayuda.

7 Halla la suma de 36 y 47.

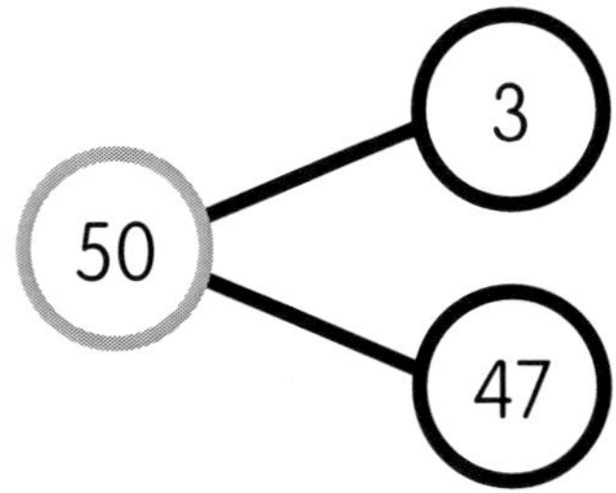

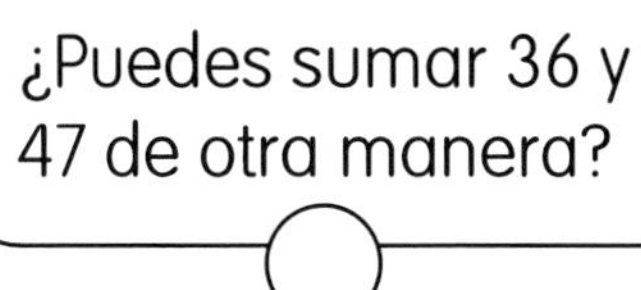

Suma 50 a 36.

36 + 50 = _______

Resta 3 del resultado.

_______ − 3 = _______

La suma de 36 y 47 es _______.

8 Halla la suma de 37 y 45.

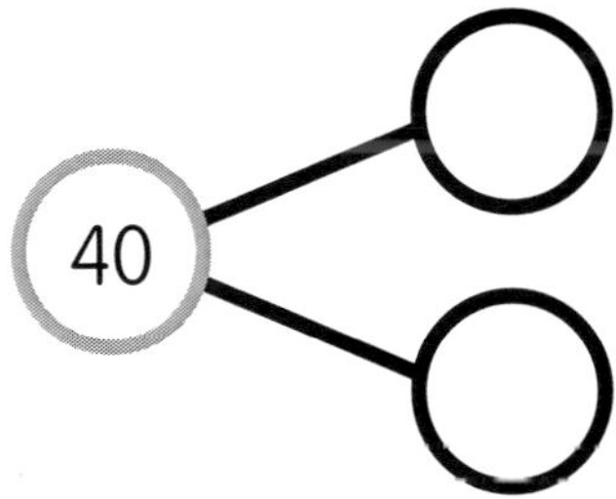

La suma de 37 y 45 es _______.

9 Suma 46 y 34.

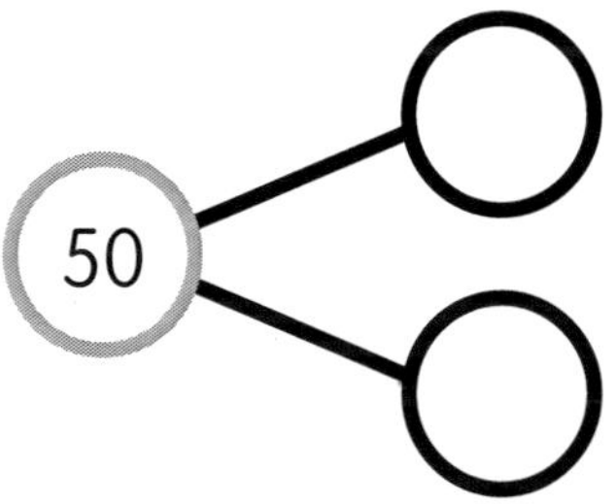

46 + 34 = _______

10 $41 + 59 =$ ______

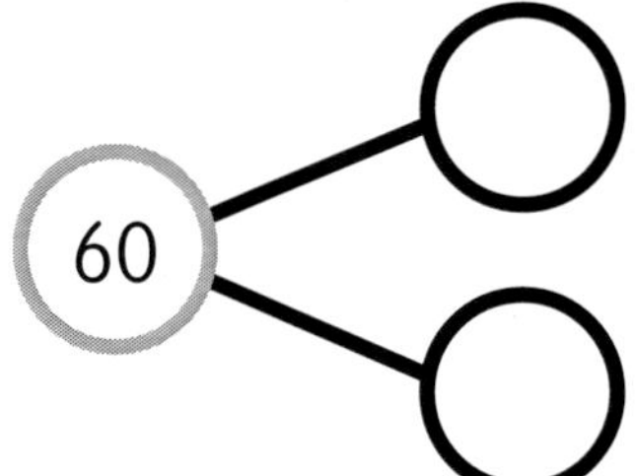

11 $24 + 38 =$ ______

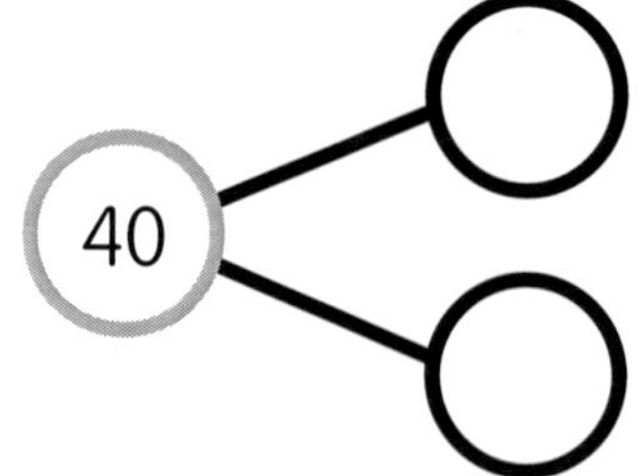

12 $15 + 47 =$ ______

13 $46 + 48 =$ ______

14 Halla la suma de 19 y 98.

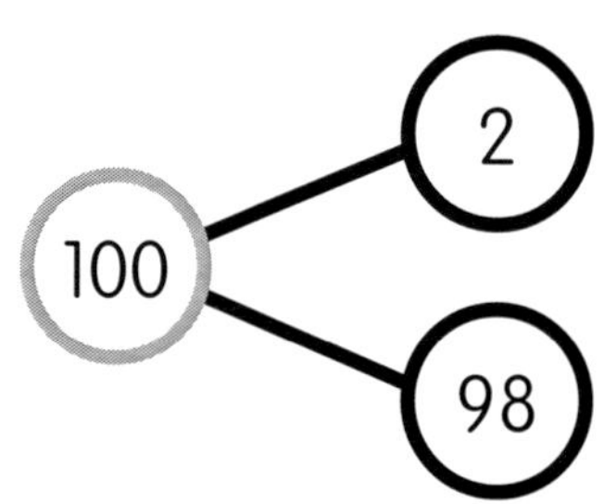

PASO 1 Suma 100 a 19.

$19 + 100 =$ ______

PASO 2 Resta 2 del resultado.

______ $- 2 =$ ______

La suma de 19 y 98 es ______.

¿Puedes hallar la suma de 19 y 98 de otra manera?

15 Halla la suma de 26 y 96.

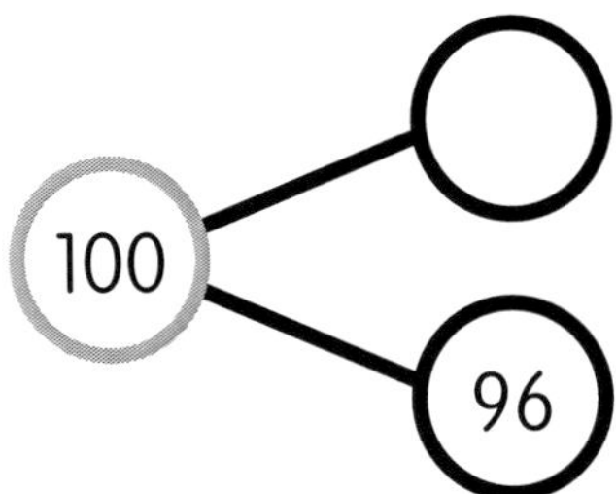

La suma de 26 y 96 es ________.

16 Halla la suma de 38 y 95.

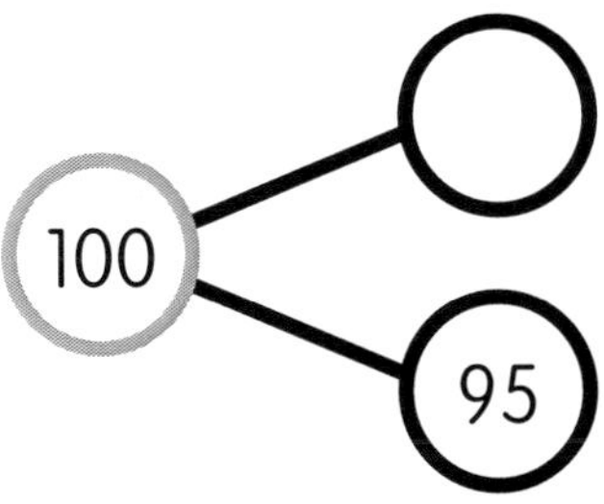

La suma de 38 y 95 es ________.

17 Suma 92 y 39.

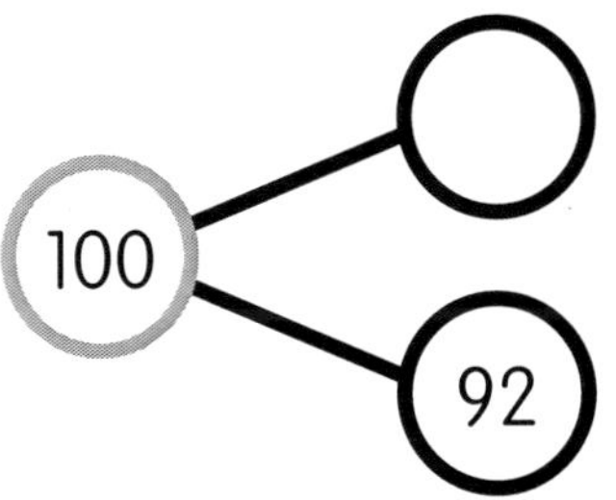

92 + 39 = ________

Suma mentalmente los pares de números. Forma números conectados como ayuda.

18 42 + 99 = ________

19 76 + 98 = ________

Resuelve. Muestra el proceso.

20 Explica cómo sumarías 5 y 98.

21 Explica cómo hallarías la suma de 76 y 48.

Nombre: ______________________ Fecha: ____________

Práctica adicional y tarea
Suma hasta el 10,000

Actividad 3 Sumar con fluidez hasta el 1,000

Suma. Muestra el proceso.

1. 137 + 52 = ________

2. 267 + 312 = ________

3. 361 + 314 = ________

4. 789 + 210 = ________

5. ¿Cuál es la suma de 346 y 242?

   ____

6. Se suma 260 a 721. ¿Cuál es el resultado?

   ____

7. $457 + 92 =$ ________

8. $199 + 88 =$ ________

9. $539 + 86 =$ ________

10. $164 + 364 =$ ________

11. $283 + 562 =$ ________

12. $376 + 291 =$ ________

13 $521 + 187 =$ ________

14 $715 + 193 =$ ________

15 $285 + 137 =$ ________

16 $637 + 268 =$ ________

17 $696 + 158 =$ ________

18 $737 + 179 =$ ________

Encierra en un círculo la etiqueta con el número que forma 1 más que el número de la etiqueta de Ashley.

19 725 + 142
= ______

20 378 + 256
= ______

21 264 + 598
= ______

22 254 + 376
= ______

23 452 + 124
= ______

24 647 + 285
= ______

Nombre: ______________________ Fecha: ____________

Práctica adicional y tarea
Suma hasta el 10,000

Actividad 4 Sumar sin reagrupación

Completa cada espacio en blanco.

1. Halla la suma de 1,344 y 112.

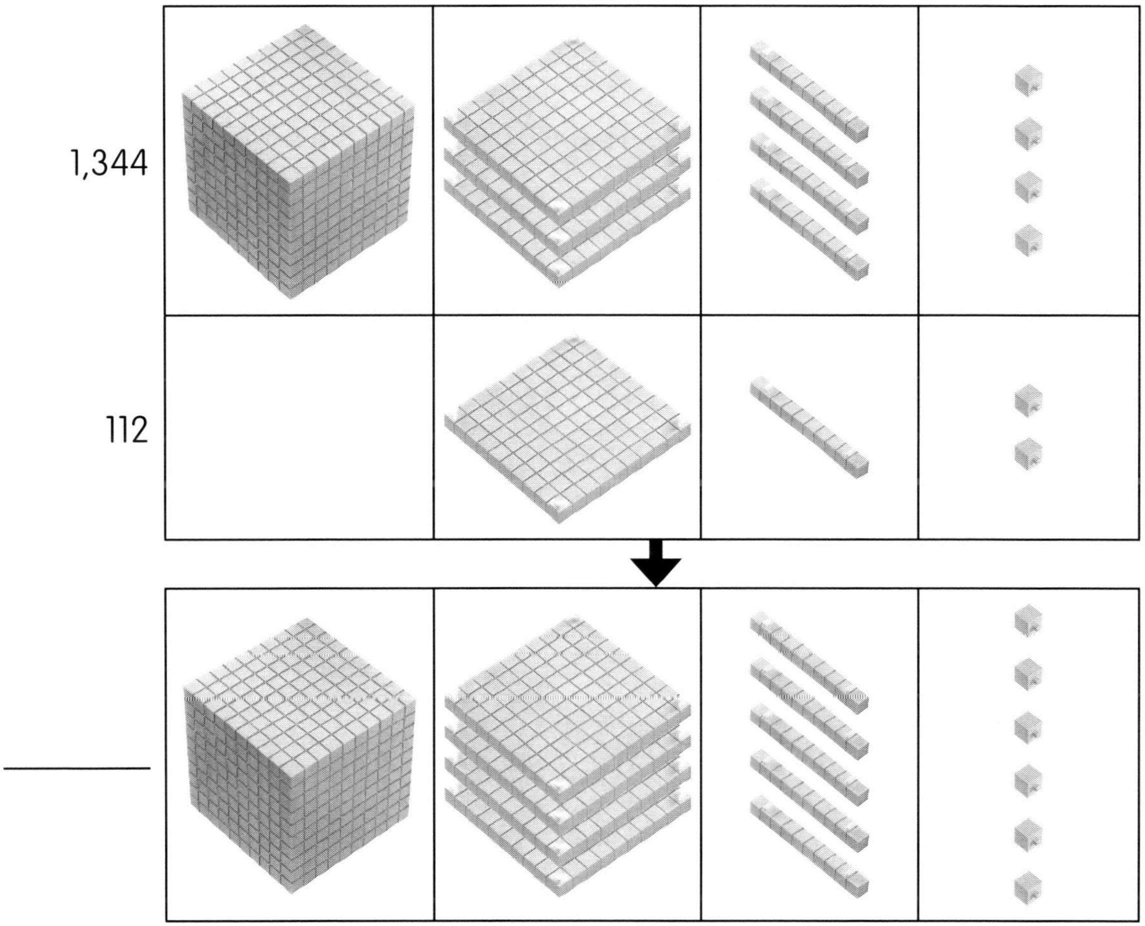

$$\begin{array}{r} 1,344 \\ +\ \ \ 112 \\ \hline \square \end{array}$$

La suma de 1,344 y 112 es ________.

2 Suma 2,410 y 1,023.

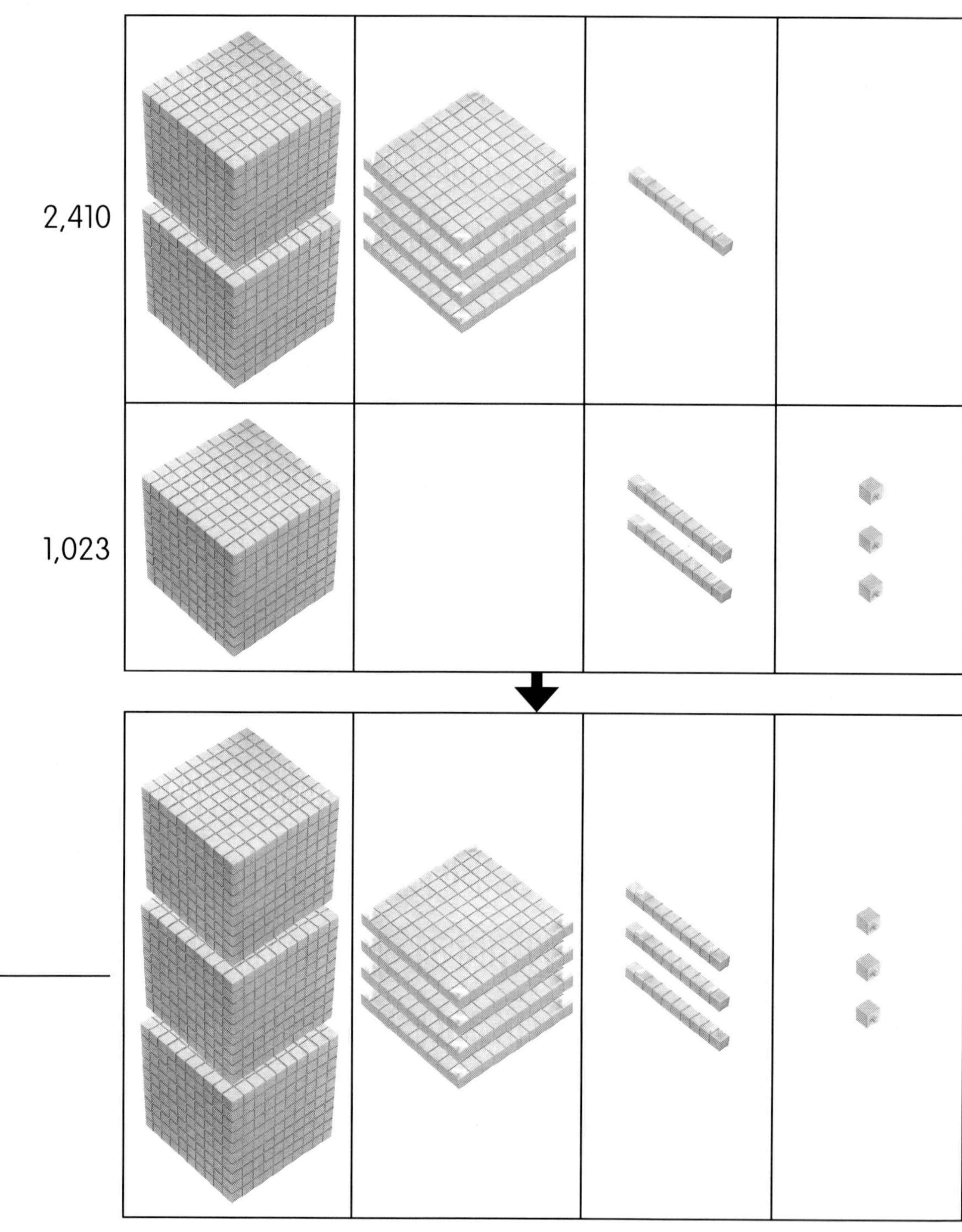

$$
\begin{array}{r}
2,\ 4\ 1\ 0 \\
+\ 1,\ 0\ 2\ 3 \\
\hline
\boxed{}
\end{array}
$$

2,410 + 1,023 = ________

3. Halla la suma de 1,854 y 12.

1,854 + 12 = ____________

4. Halla la suma de 5,362 y 506.

5,362 + 506 = ____________

5. Halla la suma de 6,542 y 3,050.

6,542 + 3,050 = ____________

Suma.

6.
```
  5, 4 1 3
+       8 2
```

7.
```
  6, 2 1 0
+     7 6 5
```

8.
```
  5, 3 2 4
+     3 5 1
```

9.
```
  3, 0 2 5
+     8 5 4
```

10.
```
  6, 7 1 3
+     2 8 0
```

11.
```
  3, 4 3 0
+  1 0 4 8
```

12.
```
  3, 1 5 7
+ 2, 2 4 2
```

13.
```
  5, 5 6 6
+ 4, 2 1 1
```

Suma. Muestra el proceso en cada espacio en blanco. Luego, comprueba si tus resultados son razonables.

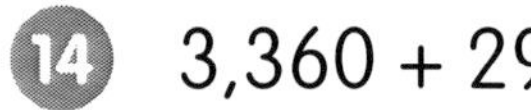

14 3,360 + 29

15 2,070 + 20

16 2,020 + 73

17 2,516 + 423

18 9,060 + 300

19 2,468 + 500

20 2,500 + 273

21 4,376 + 3,000

22 7,462 + 2,537

Completa cada espacio en blanco.

23

	2,	☐	4	3
+		3	1	☐
	☐,	8	5	5

24

	6,	1	7	☐
+		6	☐	9
	6,	☐	8	9

Nombre: ______________________ Fecha: __________

Práctica adicional y tarea
Suma hasta el 10,000

Actividad 5 Sumar con reagrupación

Completa cada espacio en blanco.

1. Suma 1,500 y 500.

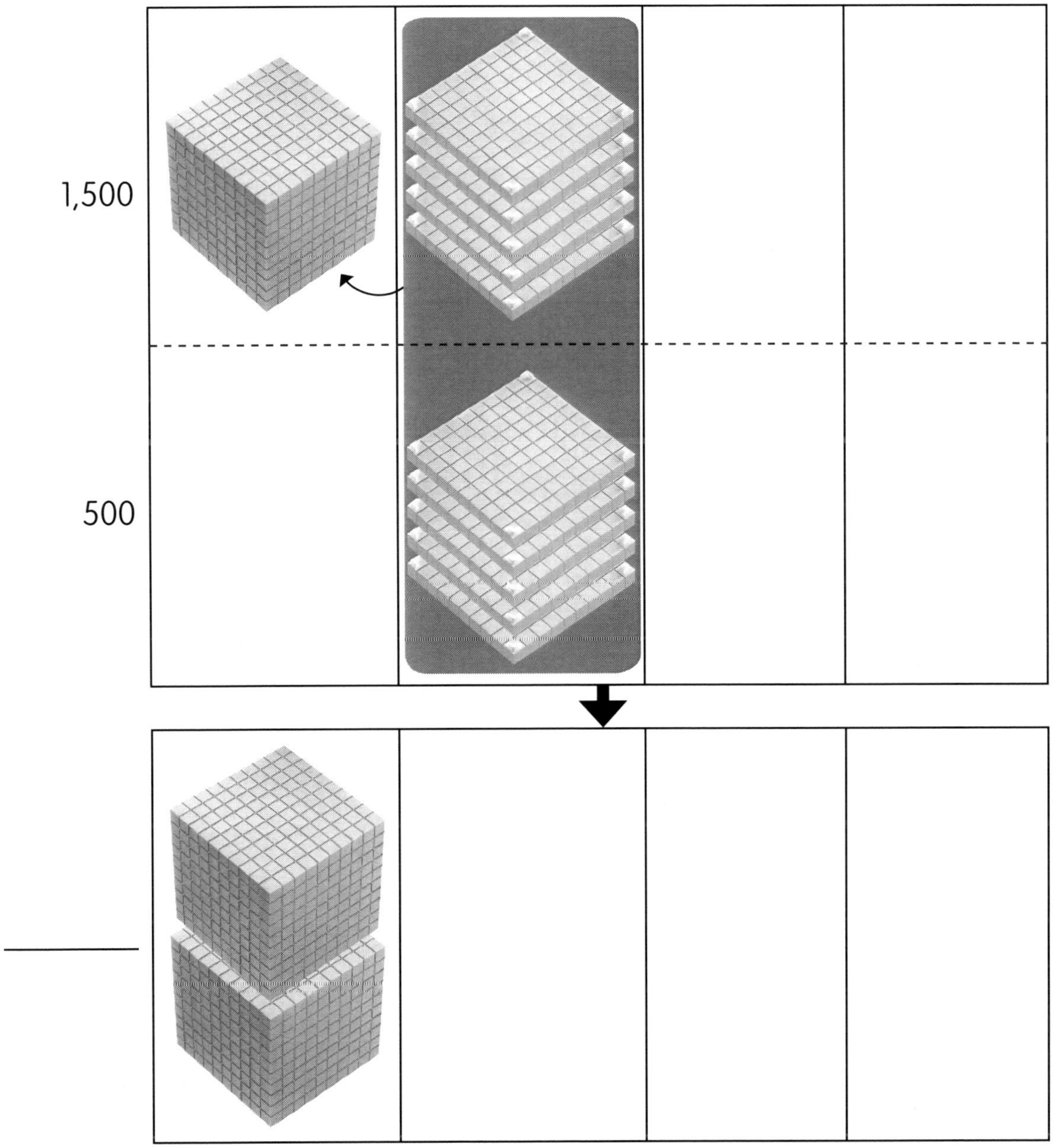

1,500

500

______

$$\begin{array}{r} 1,500 \\ +\ \ \ 500 \\ \hline \boxed{} \end{array}$$

1,500 + 500 = ________

Suma.

2 $\begin{array}{r} 5,600 \\ +\ 1,700 \\ \hline \boxed{} \end{array}$

3 $\begin{array}{r} 6,800 \\ +\ 1,200 \\ \hline \boxed{} \end{array}$

4 $\begin{array}{r} 7,145 \\ +\ \ \ 924 \\ \hline \boxed{} \end{array}$

5 $\begin{array}{r} 4,812 \\ +\ 2,374 \\ \hline \boxed{} \end{array}$

Suma. Muestra el proceso en cada espacio en blanco. Luego, comprueba si tus resultados son razonables.

6 5,823 + 454 = ________

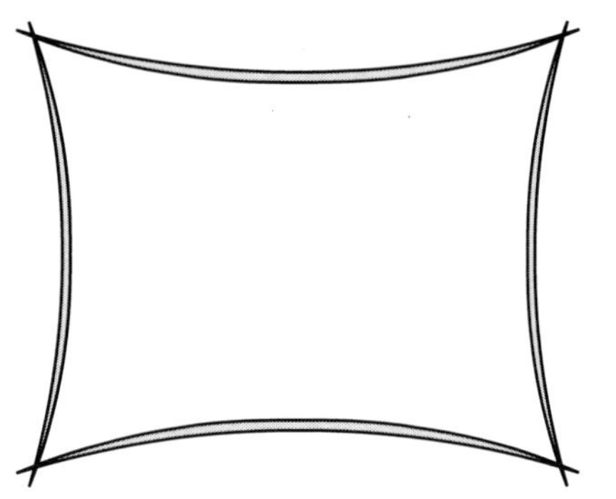

7 6,651 + 518 = ________

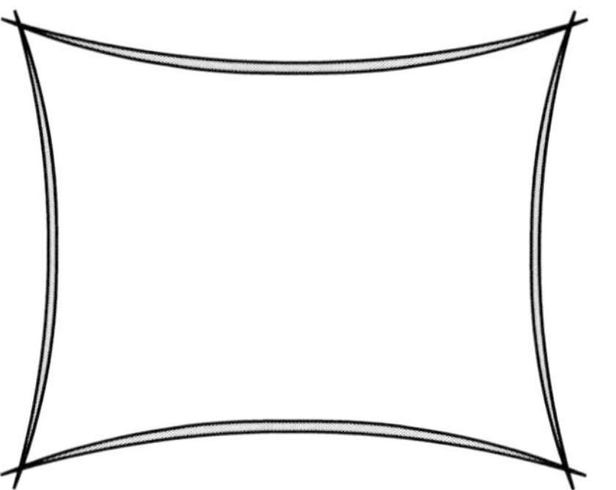

8 3,253 + 4,804 = ________

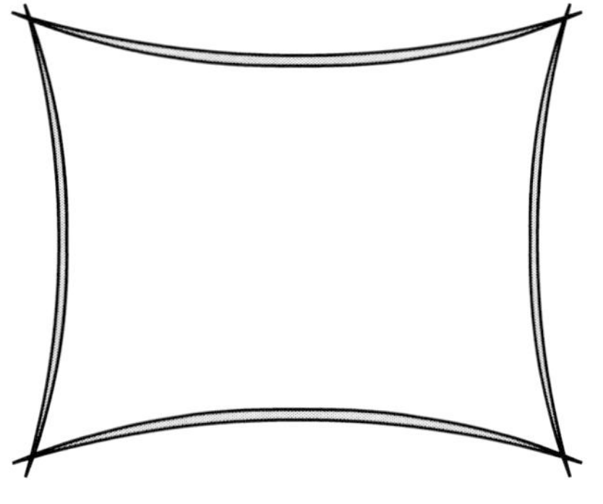

9 6,512 + 2,745 = ________

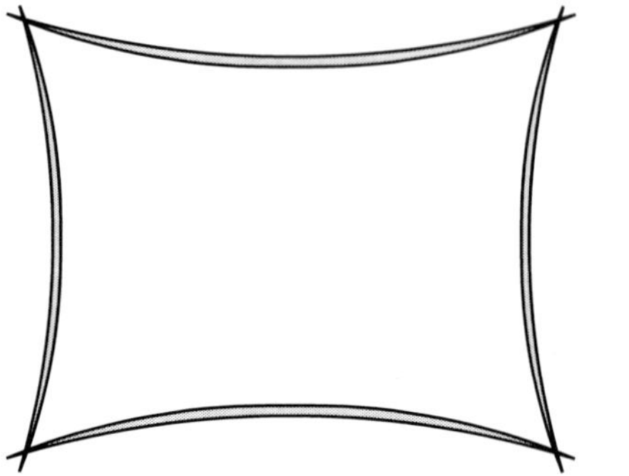

Completa cada espacio en blanco.

10 Suma 2,845 y 1,356.

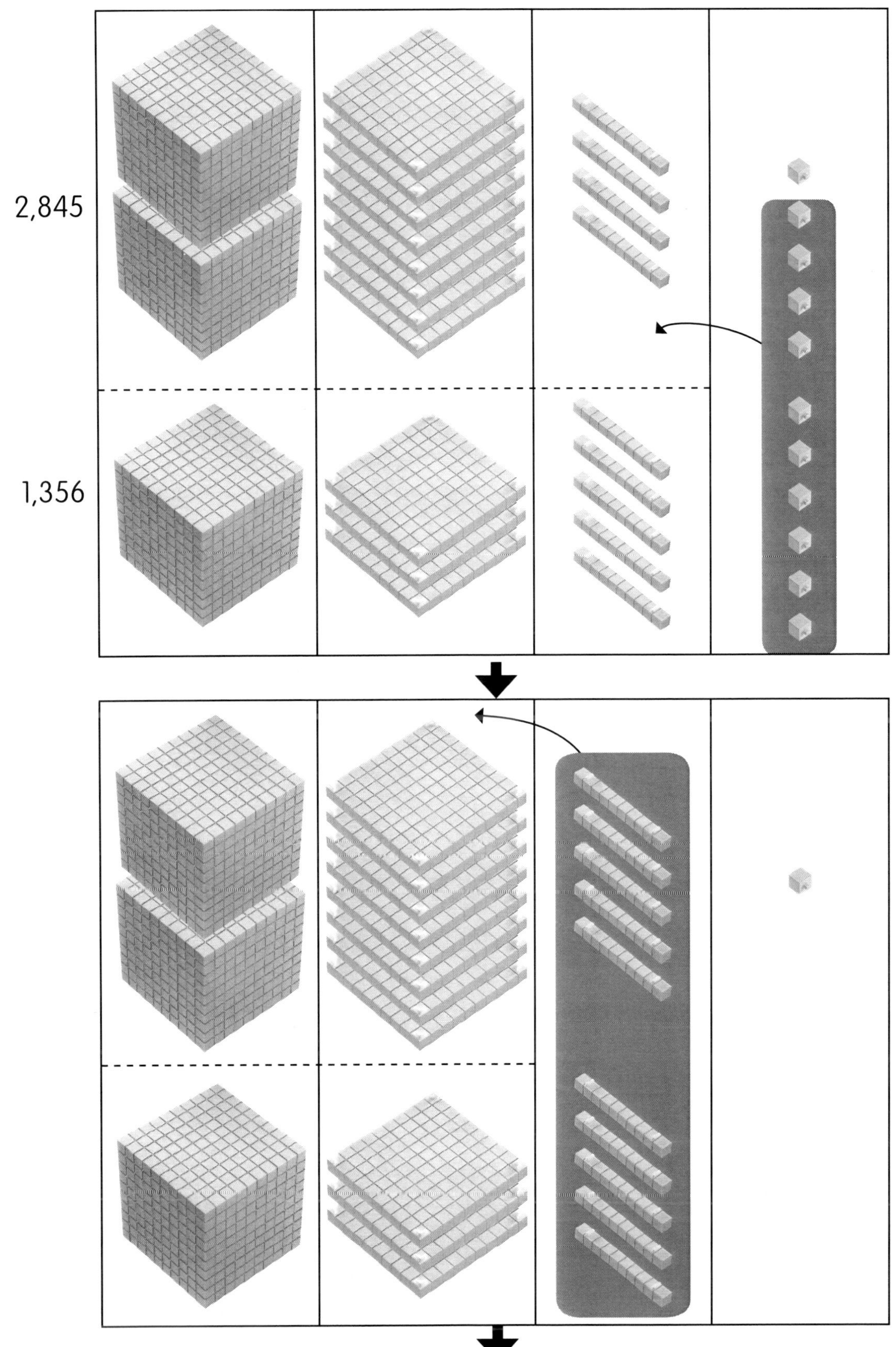

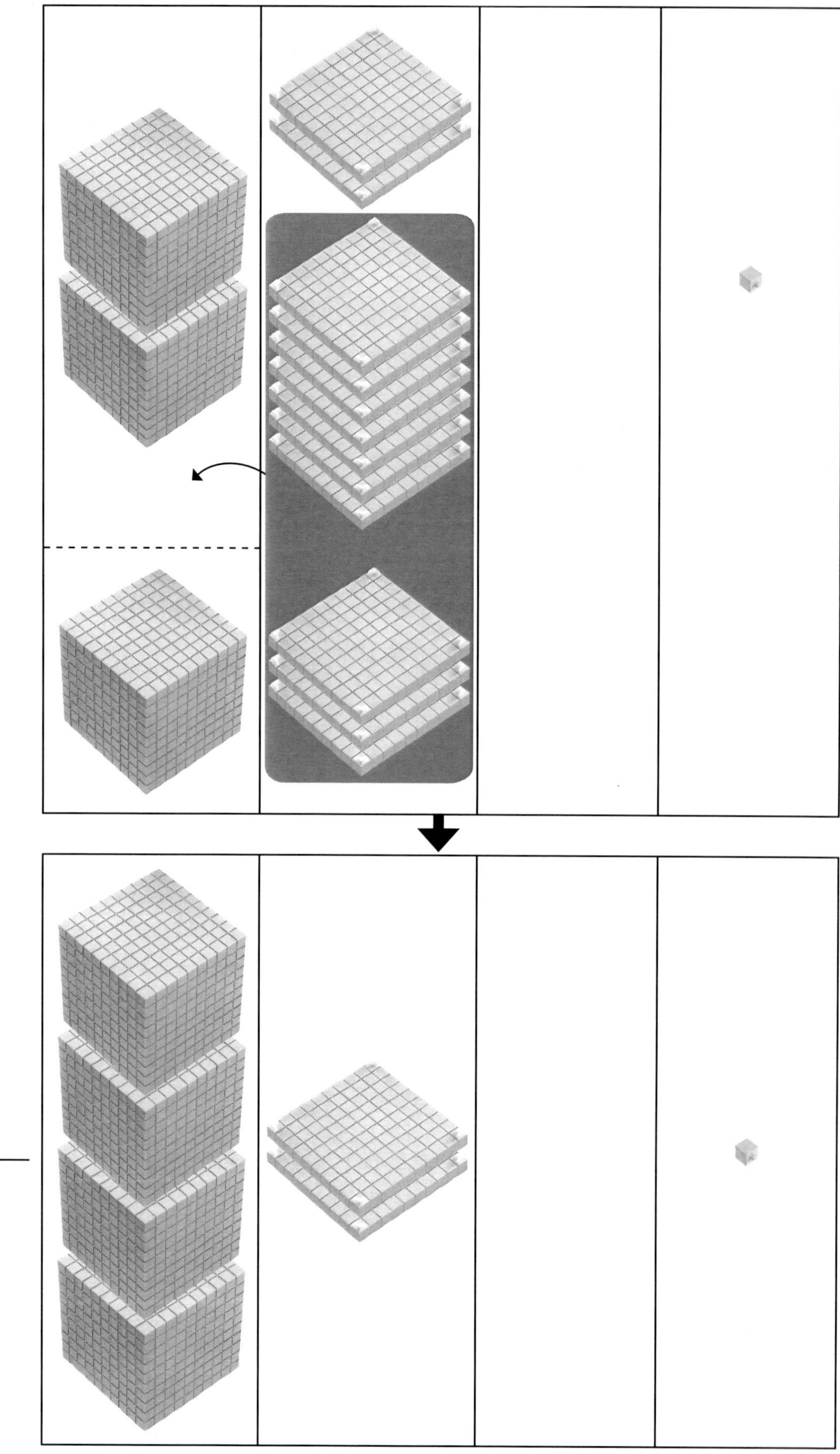

$$\begin{array}{r} 2{,}845 \\ +\ 1{,}356 \\ \hline \end{array}$$

2,845 + 1,356 = ______

Suma.

11. $$\begin{array}{r} 2{,}987 \\ +\ \ \ 58 \\ \hline \end{array}$$

12. $$\begin{array}{r} 3{,}914 \\ +\ \ \ 86 \\ \hline \end{array}$$

13. $$\begin{array}{r} 4{,}998 \\ +\ \ \ 76 \\ \hline \end{array}$$

14. $$\begin{array}{r} 5{,}987 \\ +\ \ \ 95 \\ \hline \end{array}$$

15. $$\begin{array}{r} 2{,}897 \\ +\ \ 928 \\ \hline \end{array}$$

16. $$\begin{array}{r} 3{,}796 \\ +\ \ 215 \\ \hline \end{array}$$

17. $$\begin{array}{r} 6{,}943 \\ +\ \ 657 \\ \hline \end{array}$$

18. $$\begin{array}{r} 1{,}266 \\ +\ \ 754 \\ \hline \end{array}$$

19. $$\begin{array}{r} 3{,}622 \\ +\ 1{,}798 \\ \hline \end{array}$$

20. $$\begin{array}{r} 3{,}429 \\ +\ 1{,}597 \\ \hline \end{array}$$

21. $$\begin{array}{r} 3{,}674 \\ +\ 1{,}667 \\ \hline \end{array}$$

22. $$\begin{array}{r} 6{,}435 \\ +\ 2{,}689 \\ \hline \end{array}$$

Suma. Muestra el proceso en cada espacio en blanco. Luego, comprueba si tus resultados son razonables.

23 $26 + 1{,}984 =$ __________

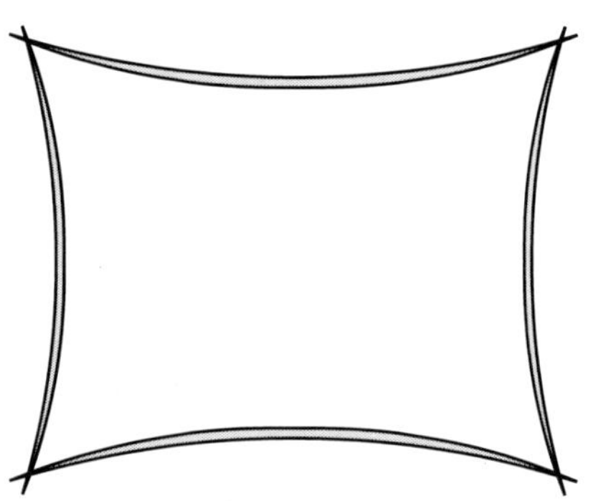

24 $6{,}956 + 98 =$ __________

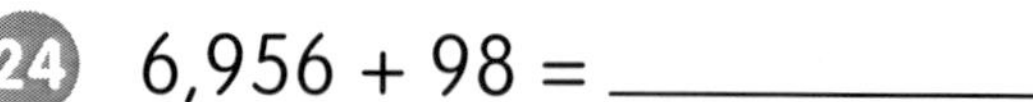

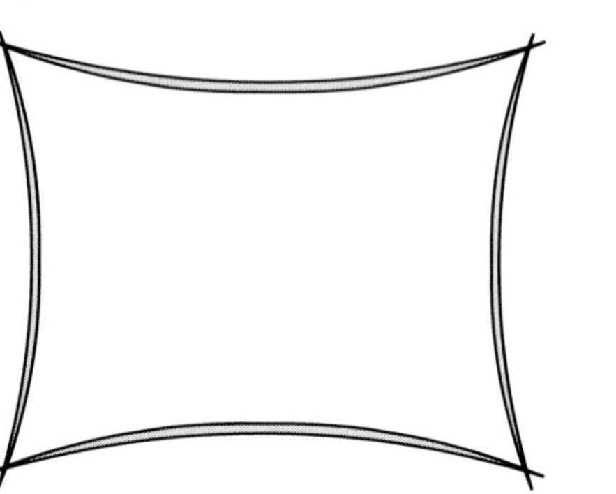

25 $561 + 6{,}789 =$ __________

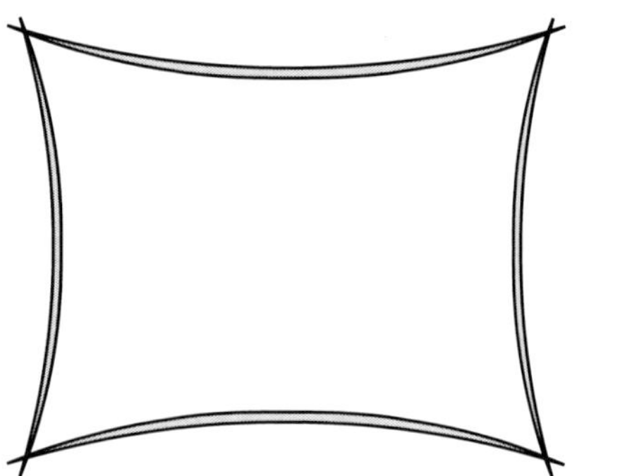

26 $7{,}938 + 165 =$ __________

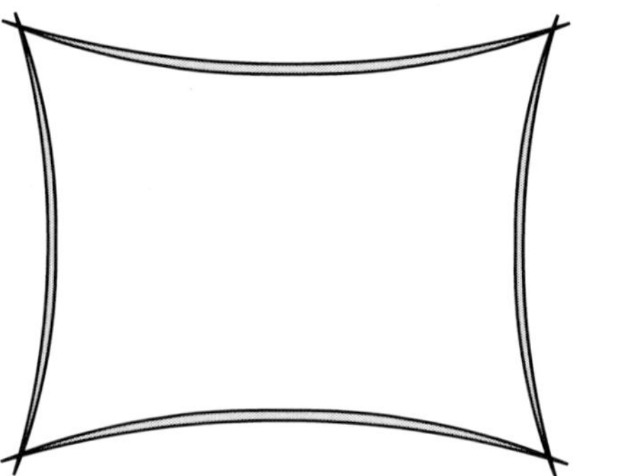

27 $3{,}046 + 2{,}975 =$ __________

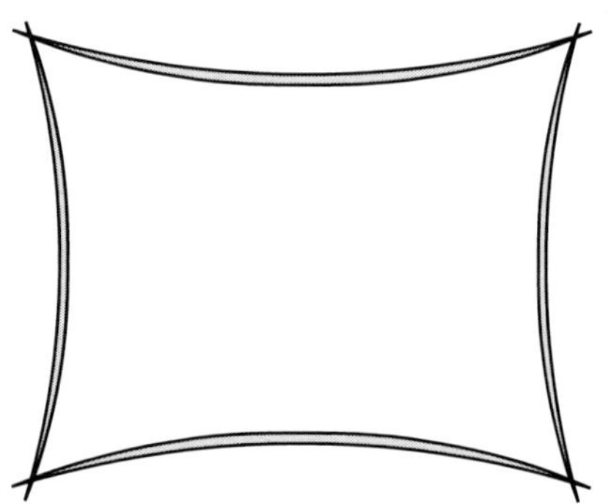

28 $4{,}266 + 1{,}769 =$ __________

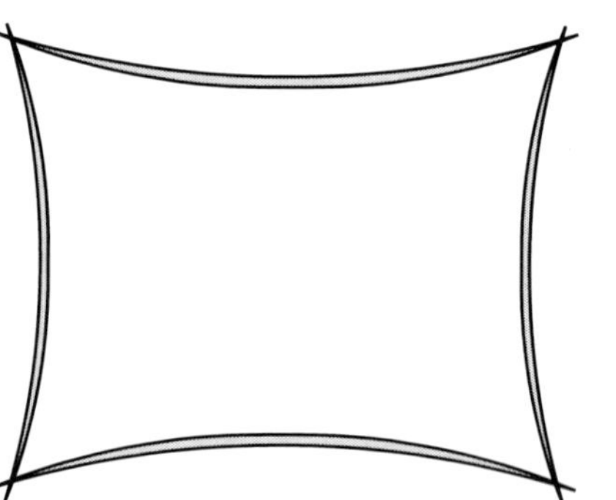

Completa cada espacio en blanco.

29

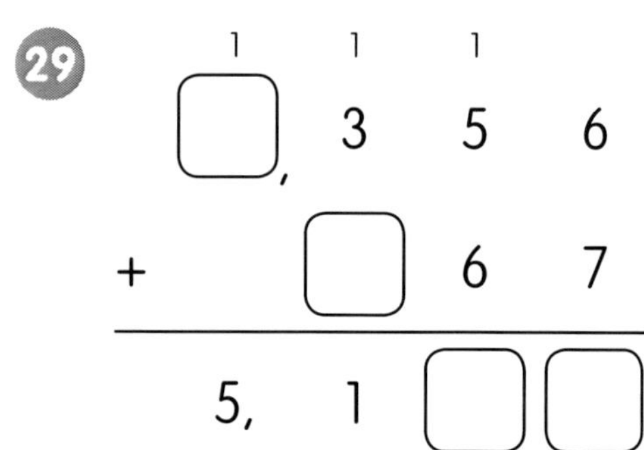

30

```
   1  1  1
 6, ☐  ☐  ☐
+    7  4  5
 7,  0  0  0
```

Nombre: ______________________ Fecha: ____________

Práctica adicional y tarea
Suma hasta el 10,000

Actividad 6 Problemas cotidianos: suma

Resuelve. Muestra el proceso. Usa el modelo de barras como ayuda. Luego, comprueba si tus resultados son razonables.

1. Hana caminó 1,350 pasos para llegar al punto A, otros 2,396 pasos para llegar al punto B y otros 3,147 pasos para llegar al punto C. ¿Cuántos pasos dio en total para llegar al punto C?

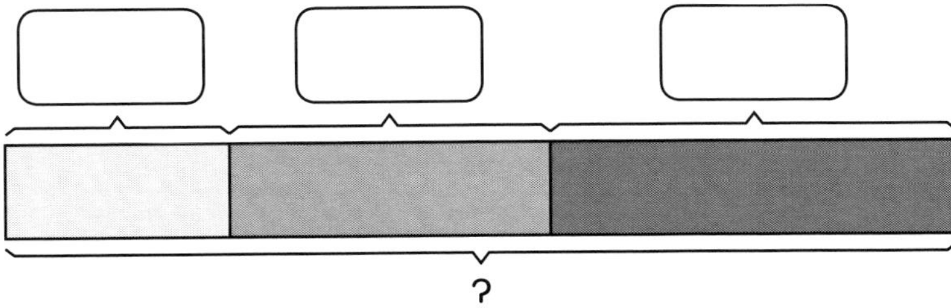

_______ ◯ _______ = _______

Hana dio _______ pasos para llegar al punto B.

_______ ◯ _______ = _______

Hana dio _______ pasos en total para llegar al punto C.

Comprender el problema.

Pensar en un plan.

Realizar el plan.

Comprobar el resultado.

2 Un equipo de ciclistas recauda $4,250 para una organización de caridad.
Un equipo de corredores recauda $825 más que el equipo de ciclistas.

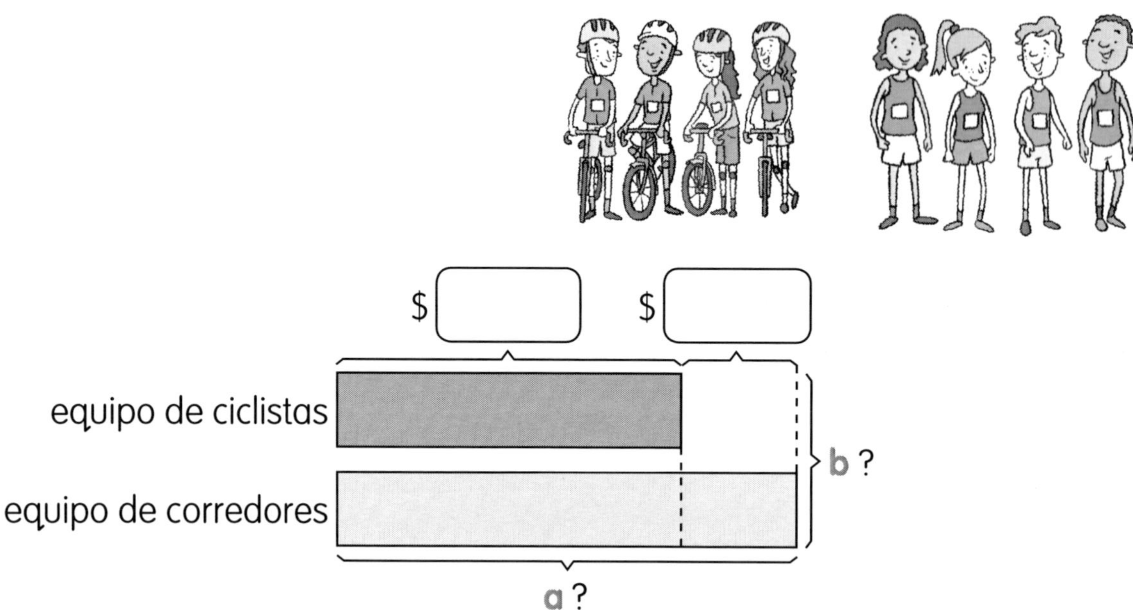

a ¿Cuánto dinero recaudó el equipo de corredores?

$______ ◯ $______ = $______

El equipo de corredores recauda $______.

b ¿Cuánto dinero recaudaron en total los dos equipos?

$______ ◯ $______ = $______

En total, los dos equipos recaudaron $______.

Suma. Muestra el proceso. Dibuja modelos de barra para ayudarte. Luego, comprueba si tus resultados son razonables.

3. En una secundaria hay 3,756 estudiantes. Son 455 menos que en una primaria.

   a ¿Cuántos estudiantes hay en la primaria?

   b ¿Cuántos estudiantes hay en total en las dos escuelas?

4. Hay 5,740 visitantes en la exposición A.
Hay 2,871 visitantes en la exposición B.
Otros 1,388 visitantes llegan a la exposición B.

a ¿Cuántos visitantes hay ahora en la exposición B?

b ¿Cuántos visitantes hay en total en las dos exposiciones?

5 Una tienda vendió 2,390 botellas de agua el sábado.
El domingo se vendieron 350 botellas más que el sábado.

a ¿Cuántas botellas de agua se vendieron el domingo?

b ¿Cuántas botellas de agua se vendieron el fin de semana?

6 Jade tenía 1,458 clips.
Tenía 396 clips menos que Pedro.

a ¿Cuántos clips tenía Pedro?

b ¿Cuántos clips tienen en total?

7. Un paquete de imanes cuesta \$9.97.
Un llavero cuesta \$3.57 más que el paquete de imanes.
¿Cuánto dinero cuestan los dos objetos en total?

8 Una hebilla para el cabello cuesta $2.50.
Un par de guantes cuesta $9.87.
El Sr. Young tiene en total $15.75 para comprar los dos objetos.

a ¿Cuánto cuestan en total la hebilla y los guantes?

b ¿Cuánto dinero le sobrará al Sr. Young?

Nombre: ____________________ Fecha: ____________

DIARIO DE MATEMÁTICAS

1 **Hábito para matemáticas 7** **Usar la estructura**

¿Qué número de 4 dígitos puedes sumar a 3,467 para obtener un número par de 4 dígitos? Explica cómo puedes obtener el resultado.

2 **Hábito para matemáticas 7** **Usar la estructura**

¿Qué número de 4 dígitos puedes sumar a 3,467 para obtener un número impar de 4 dígitos? Explica cómo puedes obtener el resultado.

¡DESAFÍA TU MENTE!

Hábito para matemáticas 1 **Perseverar en la resoluciónde problemas**

Halla el número que falta. ¿Cómo obtuviste el resultado?

	1	1	1	
	2,	8	☐	6
+	4,	4	4	☐
	7,	☐	0	4

CONEXIONES DE LA ESCUELA A LA CASA

Resta hasta el 10,000

Estimada familia:

En este capítulo, su hijo aprenderá a restar números hasta el 10,000. Las habilidades que practicará son las siguientes:

- restar mentalmente números de 2 dígitos
- restar con fluidez hasta el 1,000
- restar sin reagrupación
- restar con reagrupación
- resolver problemas cotidianos

Práctica matemática

Hay numerosas oportunidades en la vida cotidiana para que su hijo reste números. Al terminar el capítulo, realice con su hijo estas actividades, que le servirán para practicar la resta de números.

Actividad 1

- Investiguen en internet el total de participantes en un maratón o una actividad de beneficencia, como una caminata de caridad o una carrera de bicicletas para reunir fondos.
- Averigüen cuántos niños y cuántos adultos participaron. Verifique que tanto el número de adultos como el número de niños esten dentro de 10,000.
- Luego, pida a su hijo que halle la diferencia entre los dos números.

Actividad 2

- Pida a su hijo que piense en un lugar de entretenimiento que le guste, como la pista de bolos, el local de juegos de video o el cine.
- Investiguen en internet el precio de la entrada para un adulto y un niño.
- Redondeen los precios hasta el dólar más cercano. Luego, pida a su hijo que halle mentalmente la diferencia entre los dos precios.

Ayude a su hijo para entender que la **diferencia** es el resultado de un problema de resta. Pídale que halle la diferencia entre 3,695 y 1,243.
3,695 – 1,243 = 2,452
2,452 es la diferencia entre 3,695 y 1,243.

Hable con su hijo sobre la **reagrupación**. Por ejemplo, reagrupen:
1 decena en 10 unidades;
1 centena en 10 decenas, y
1 millar en 10 centenas.

Ayude a su hijo para reagrupar a fin de determinar la diferencia entre 6,210 y 4,635.

$$\begin{array}{r} {}^{5}\cancel{6},{}^{11}\cancel{2}\,{}^{10}\cancel{1}\,{}^{10}\cancel{0} \\ -\ 4,6\ 3\ 5 \\ \hline 1,5\ 7\ 5 \end{array}$$

Reagrupen 1 decena en 0 decenas y 10 unidades.
Reagrupen 2 centenas en 1 centena y 10 decenas.
Reagrupen 6 millares en 5 millares y 10 centenas.
6,210 – 4,635 = 1,575.

PÁGINA EN BLANCO

Nombre: ______________________ Fecha: ____________

Práctica adicional y tarea
Resta hasta el 10,000

Actividad 1 Resta mental

Resta mentalmente los pares de números.
Usa los números conectados como ayuda.

1. Halla la diferencia entre 78 y 63.

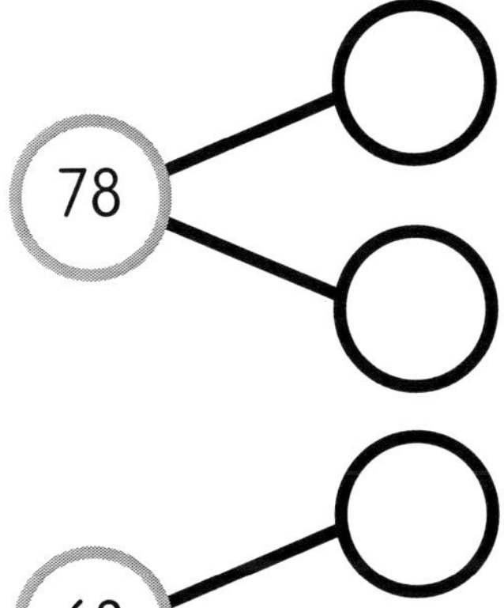

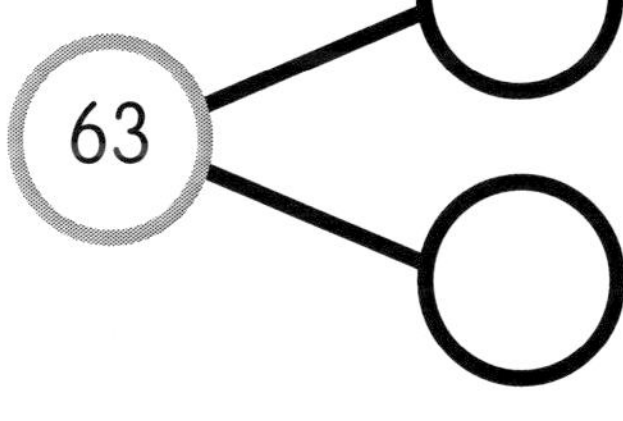

¿Hay otra manera de hallar la diferencia entre 78 y 63?

Resta las decenas.

70 – 60 = ________

Resta las unidades.

8 – 3 = ________

78 – 63 = ________ + ________

= ________

La diferencia entre 78 y 63 es ________.

2 Halla la diferencia entre 89 y 57.

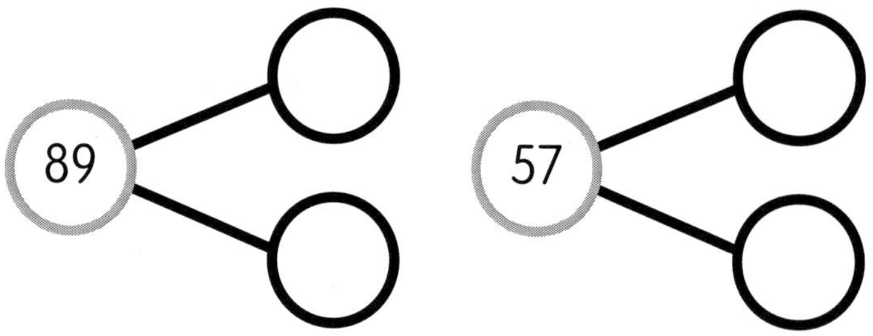

La diferencia entre 89 y 57 es ________.

3 Resta 33 de 75.

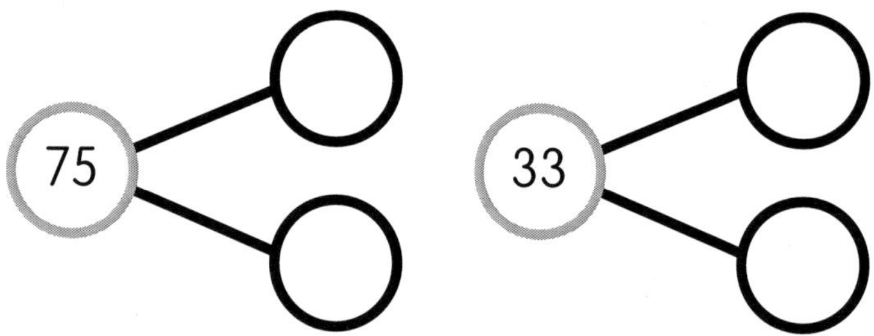

75 – 33 = ________

Resta mentalmente cada par de números. Forma números conectados como ayuda.

4 84 – 23 = ________

5 55 – 31 = ________

Resta mentalmente los pares de números.
Usa los números conectados como ayuda.

6. Halla la diferencia entre 83 y 47.

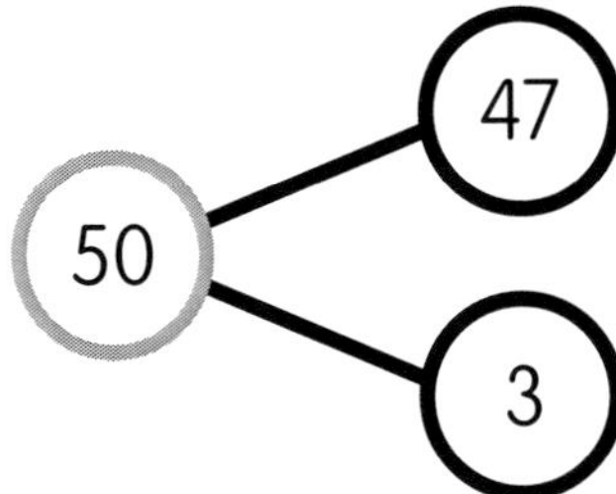

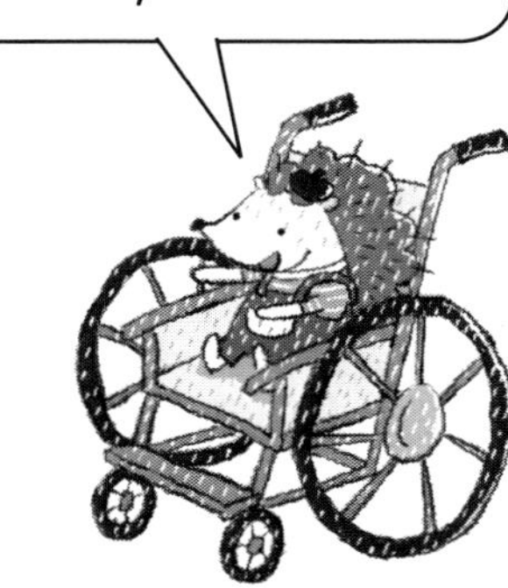

Resta 50 de 83.

83 – 50 = ________

Suma 3 al resultado.

________ + 3 = ________

La diferencia entre 83 y 47 es ________.

7. Halla la diferencia entre 92 y 35.

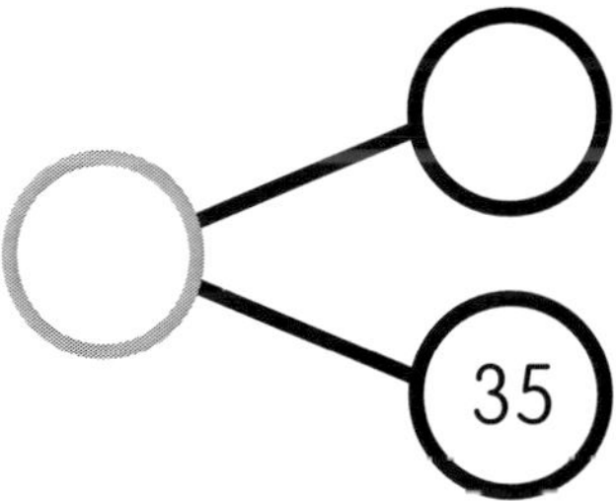

La diferencia entre 92 y 35 es ________.

8. Resta 22 de 91.

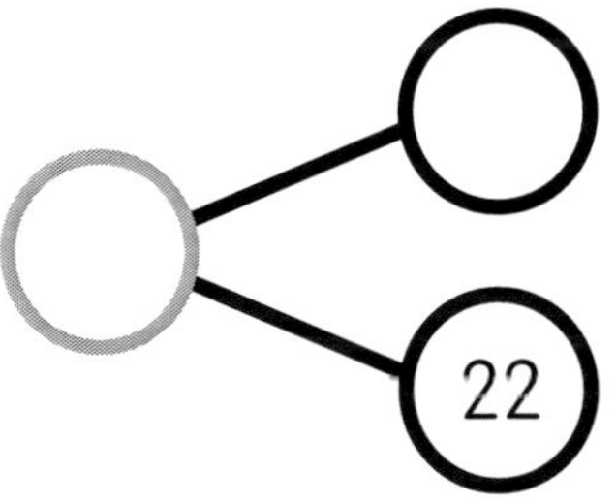

91 – 22 = ________

9 $43 - 14 =$ ________

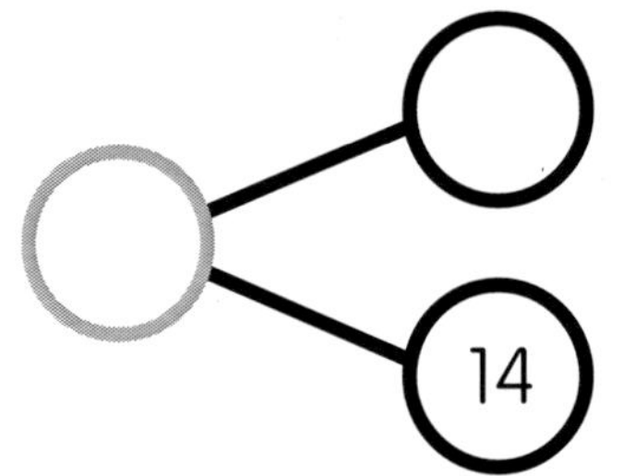

10 $84 - 38 =$ ________

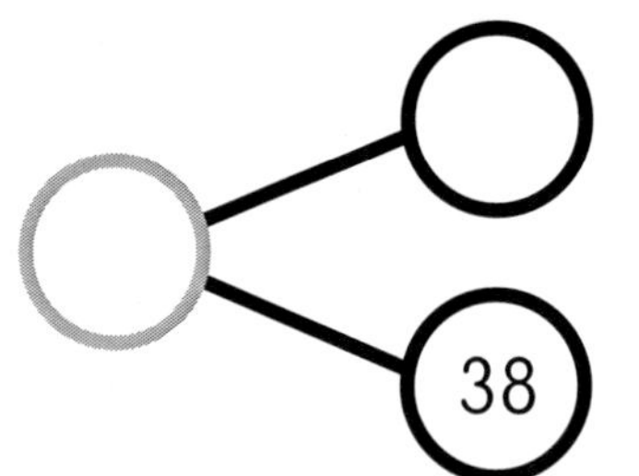

Resta mentalmente los pares de números. Forma números conectados como ayuda.

11 $68 - 29 =$ ________

12 $90 - 45 =$ ________

Resuelve. Muestra el proceso.

13 Explica cómo restarías 36 de 98.

14 Explica cómo hallarías la diferencia entre 56 y 37.

Nombre: ______________________________ Fecha: ______________

Práctica adicional y tarea
Resta hasta el 10,000

Actividad 2 Restar con fluidez hasta el 1,000

Resta. Luego, encierra en un círculo el libro que leen los niños.

1. 875 – 32 = ______

2. 698 – 257 = ______

3. 587 – 214 = ______

4. 859 – 821 = ______

5. 968 – 317 = ______

6. 375 – 150 = ______

Resta. Muestra el proceso en cada espacio en blanco.

7. 185 – 96 = __________

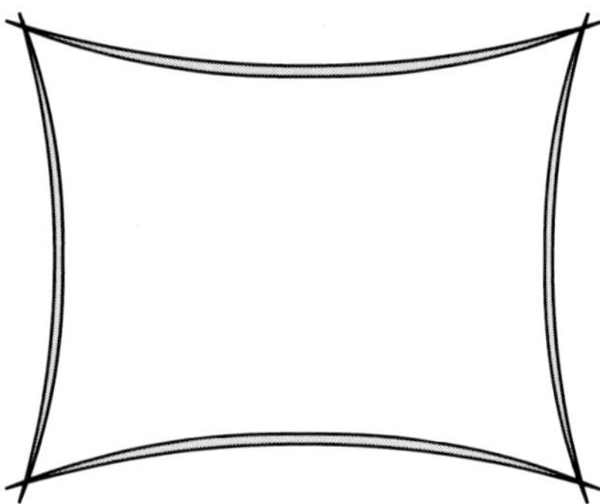

8. 816 – 77 = __________

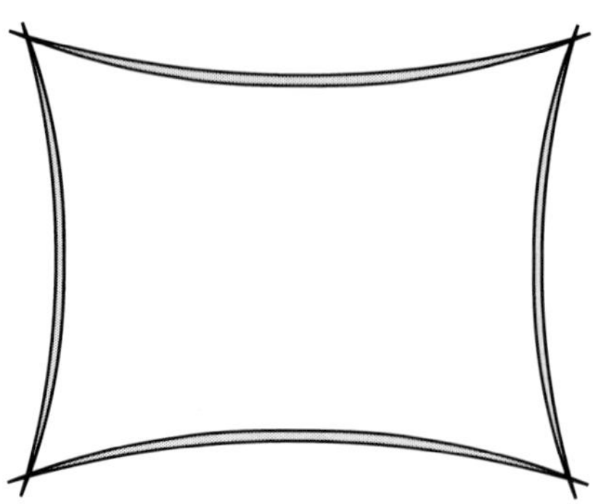

9. 215 – 169 = __________

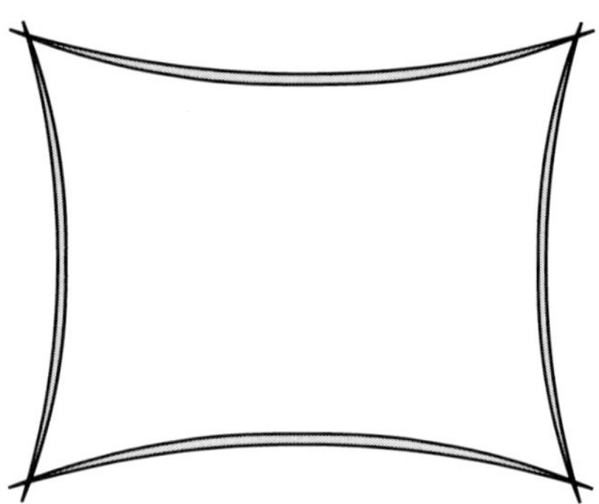

10. 314 – 186 = __________

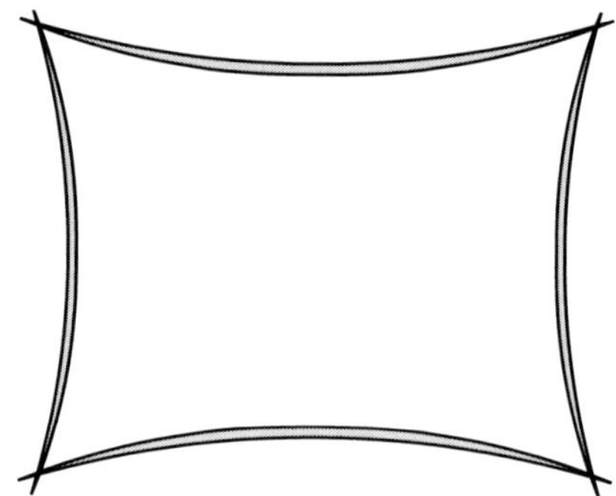

11. 440 – 95 = __________

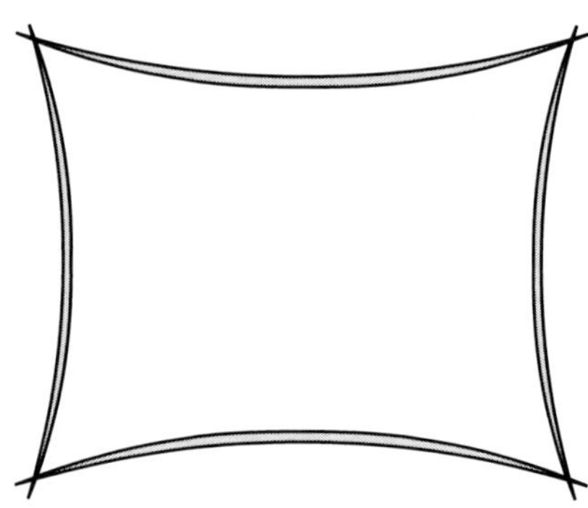

12. 505 – 368 = __________

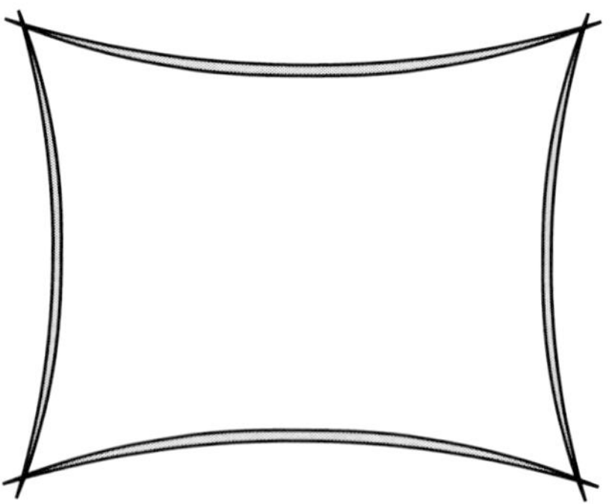

13 $630 - 245 =$ ______

14 $727 - 199 =$ ______

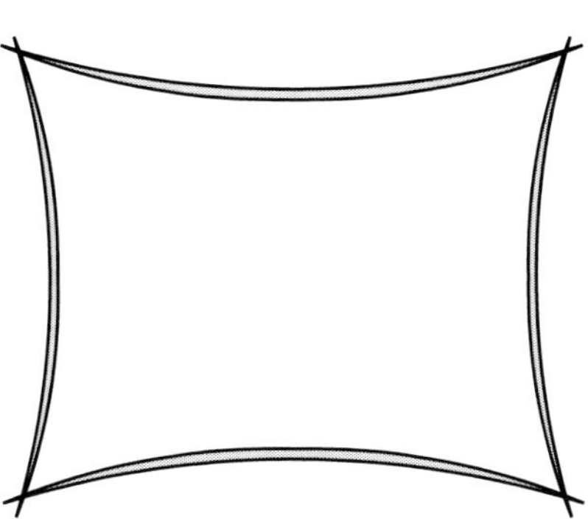

15 $753 - 495 =$ ______

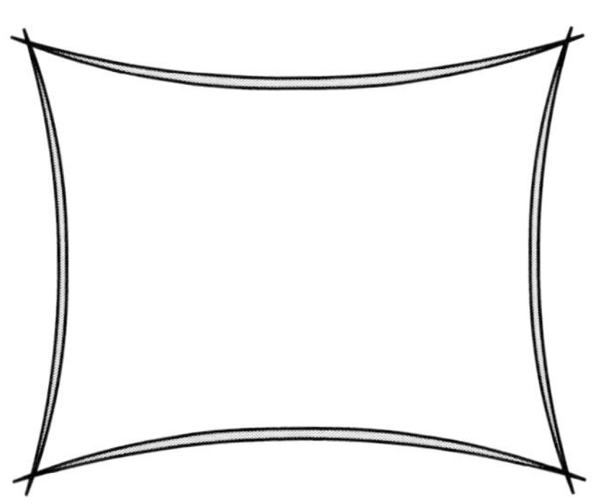

16 $920 - 287 =$ ______

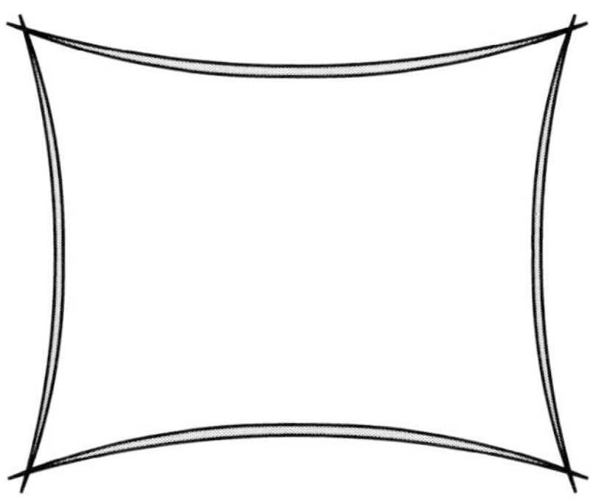

17 $931 - 489 =$ ______

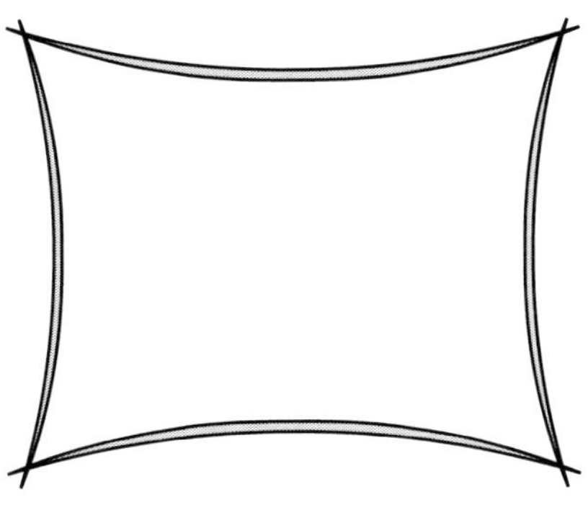

18 $500 - 248 =$ ______

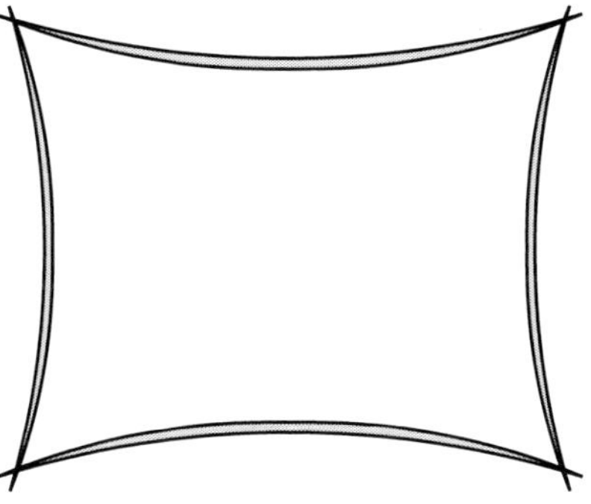

Resta y empareja.

19. 842 – 315 = ________ • • 215

20. 734 – 519 = ________ • • 306

21. 831 – 87 = ________ • • 377

22. 716 – 609 = ________ • • 744

23. Halla la diferencia entre 692 y 315. ________ • • 527

24. Halla la diferencia entre 276 y 582. ________ • • 107

Nombre: ______________________ Fecha: ____________

Práctica adicional y tarea
Resta hasta el 10,000

Actividad 3 Restar sin reagrupación

Completa cada espacio en blanco.

1. Resta 234 de 2,354.

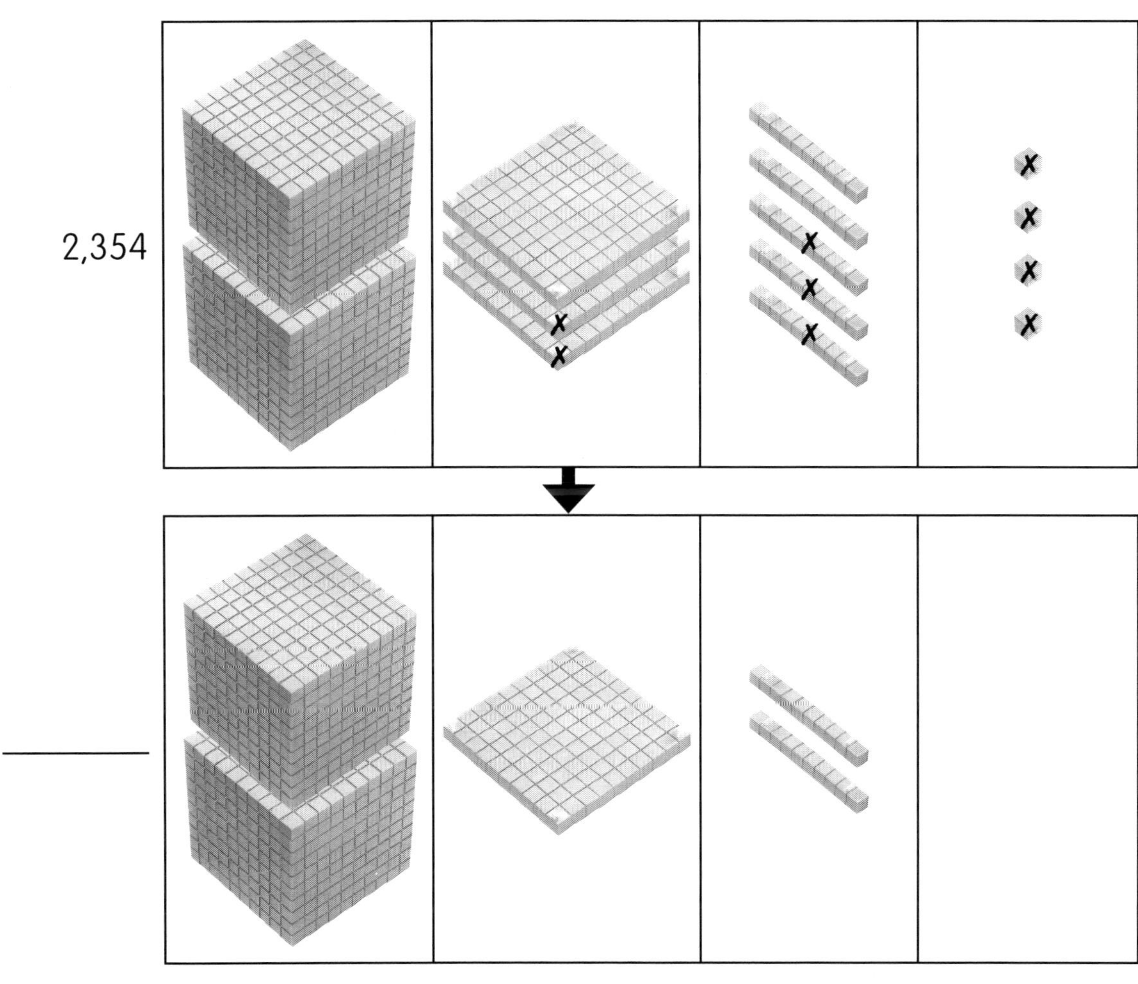

$$\begin{array}{r} 2,354 \\ -\ \ \ 234 \\ \hline \boxed{} \end{array}$$

2,354 – 234 = ________

2 Halla la diferencia entre 3,635 y 2,201.

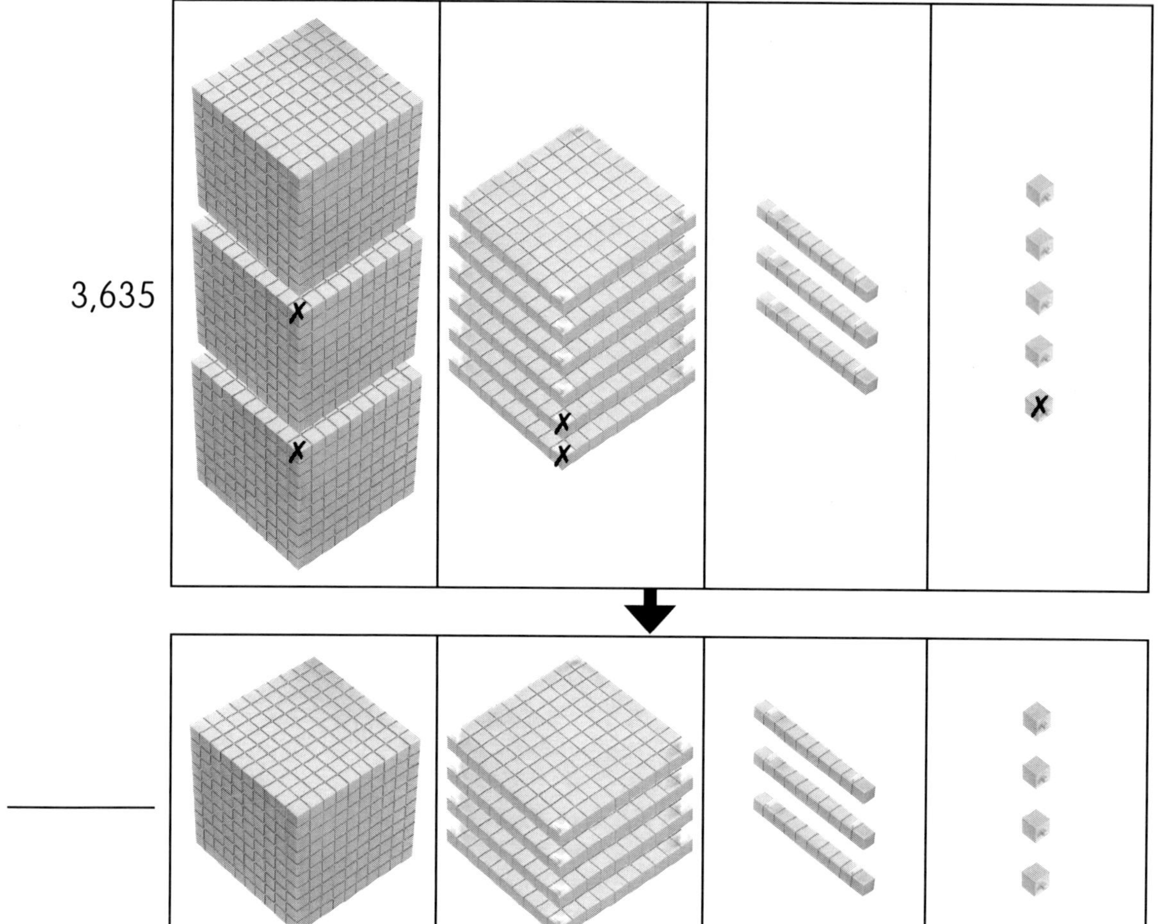

$$\begin{array}{r} 3,\ 6\ 3\ 5 \\ -\ 2,\ 2\ 0\ 1 \\ \hline \boxed{} \end{array}$$

3,635 – 2,201 = ______

La diferencia entre 3,635 y 2,201 es ______.

3 Resta 138 de 9,349.

$$\begin{array}{r} 9,\ 3\ 4\ 9 \\ -\ \ \ 1\ 3\ 8 \\ \hline \boxed{} \end{array}$$

9,349 – 138 = ______

4. Halla la diferencia entre 4,321 y 7352.

$$\begin{array}{r} 7,352 \\ -\ 4,321 \\ \hline \boxed{} \end{array}$$

La diferencia entre 4,321 y 7,352 es ________.

Resta.

5. $\begin{array}{r} 5,564 \\ -\ \ \ \ 23 \\ \hline \boxed{} \end{array}$

6. $\begin{array}{r} 8,975 \\ -\ \ \ \ 64 \\ \hline \boxed{} \end{array}$

7. $\begin{array}{r} 3,819 \\ -\ \ 705 \\ \hline \boxed{} \end{array}$

8. $\begin{array}{r} 9,646 \\ -\ \ 523 \\ \hline \boxed{} \end{array}$

9. $\begin{array}{r} 6,481 \\ -\ \ 350 \\ \hline \boxed{} \end{array}$

10. $\begin{array}{r} 3,606 \\ -\ 2,503 \\ \hline \boxed{} \end{array}$

11. $\begin{array}{r} 5,286 \\ -\ 5,123 \\ \hline \boxed{} \end{array}$

12. $\begin{array}{r} 7,249 \\ -\ 6,238 \\ \hline \boxed{} \end{array}$

13. $\begin{array}{r} 9,785 \\ -\ 7,541 \\ \hline \boxed{} \end{array}$

Resta. Muestra el proceso en cada espacio en blanco. Luego, comprueba si tus resultados son razonables.

14. 9,786 − 72 = ________

15. 6,593 − 81 = ________

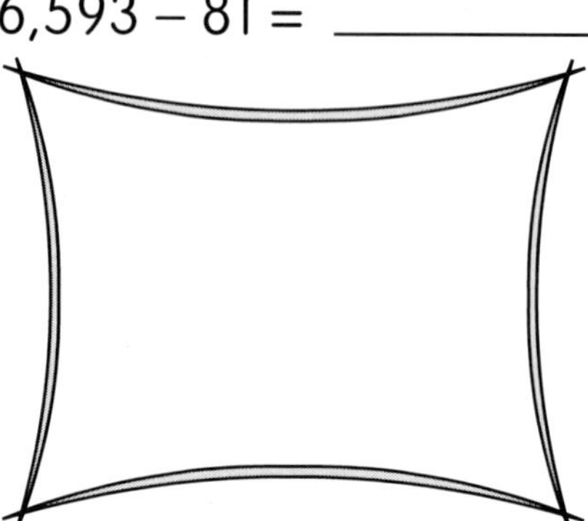

16. 8,421 − 310 = ________

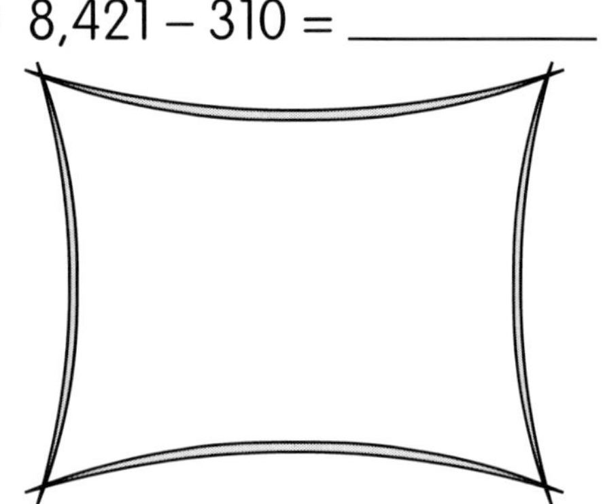

17. 4,875 − 164 = ________

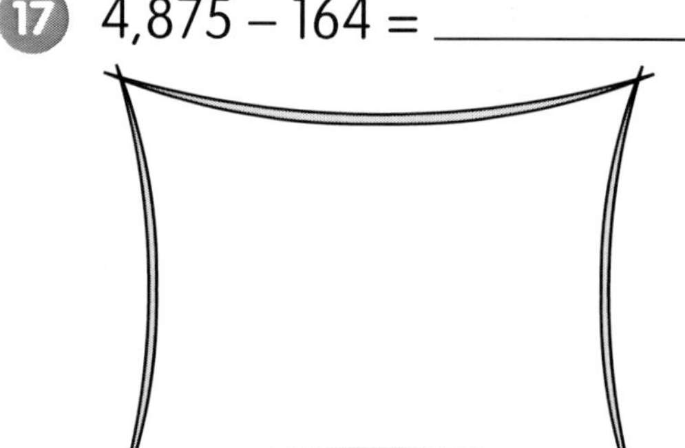

18. 7,493 − 4,342 = ________

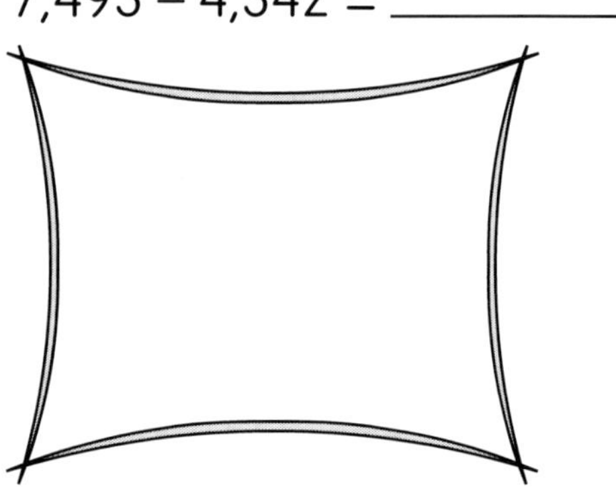

19. 5,847 − 2,615 = ________

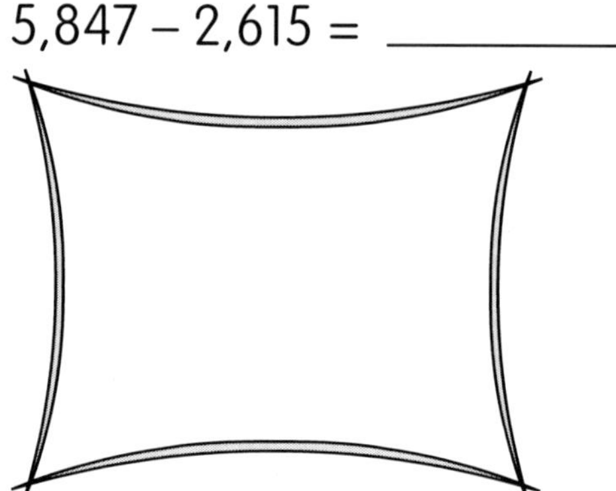

Completa cada espacio en blanco.

20.

	3,	☐	9	7
−	2,	3	9	☐
	☐,	1	0	6

21.

	☐,	0	7	☐
−	1,	☐	1	3
	5,	0	6	1

Nombre: ______________________ Fecha: ______________

Práctica adicional y tarea
Resta hasta el 10,000

Actividad 4 Restar con reagrupación

Completa cada espacio en blanco.

1. Resta 753 de 2,910.

2,910

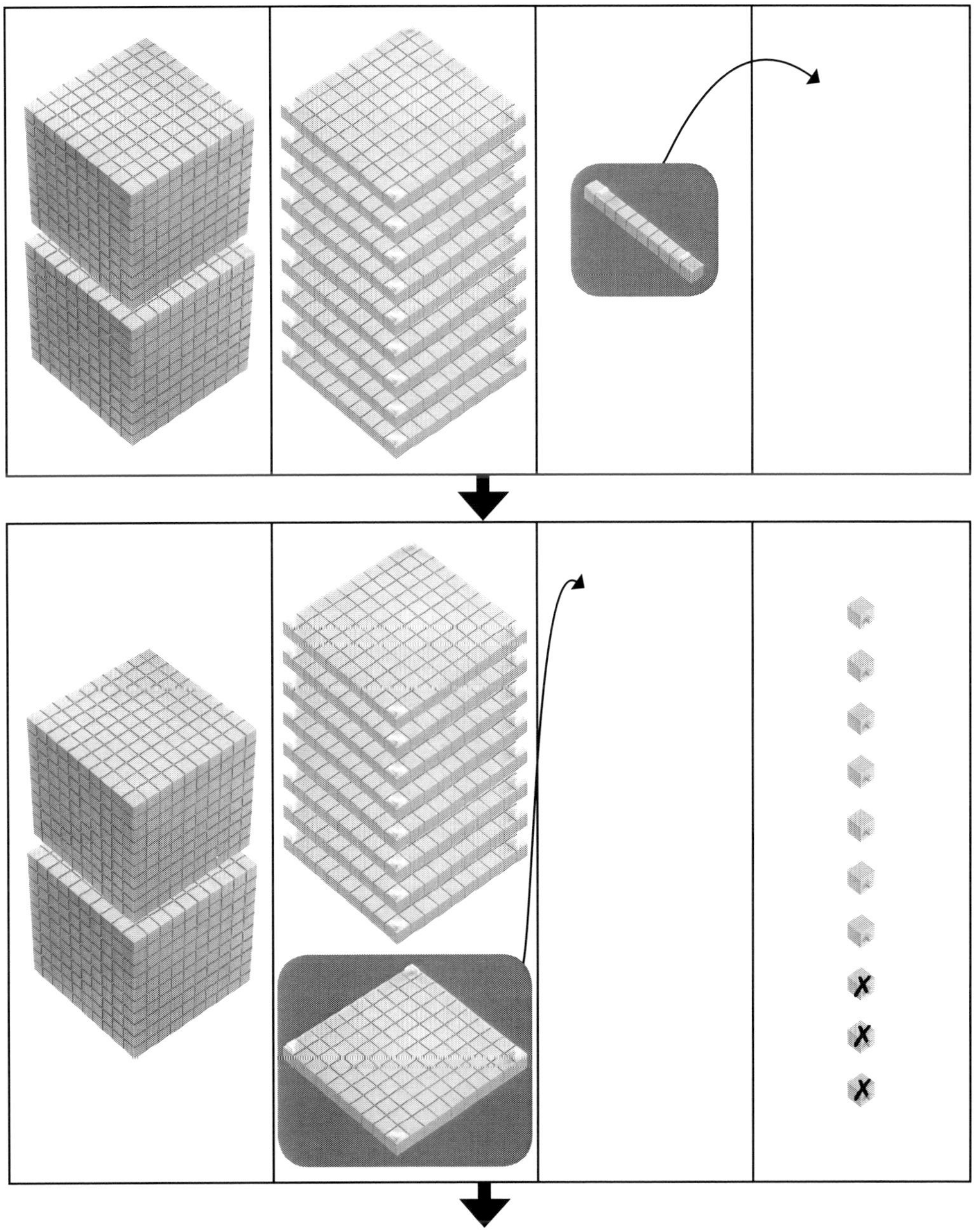

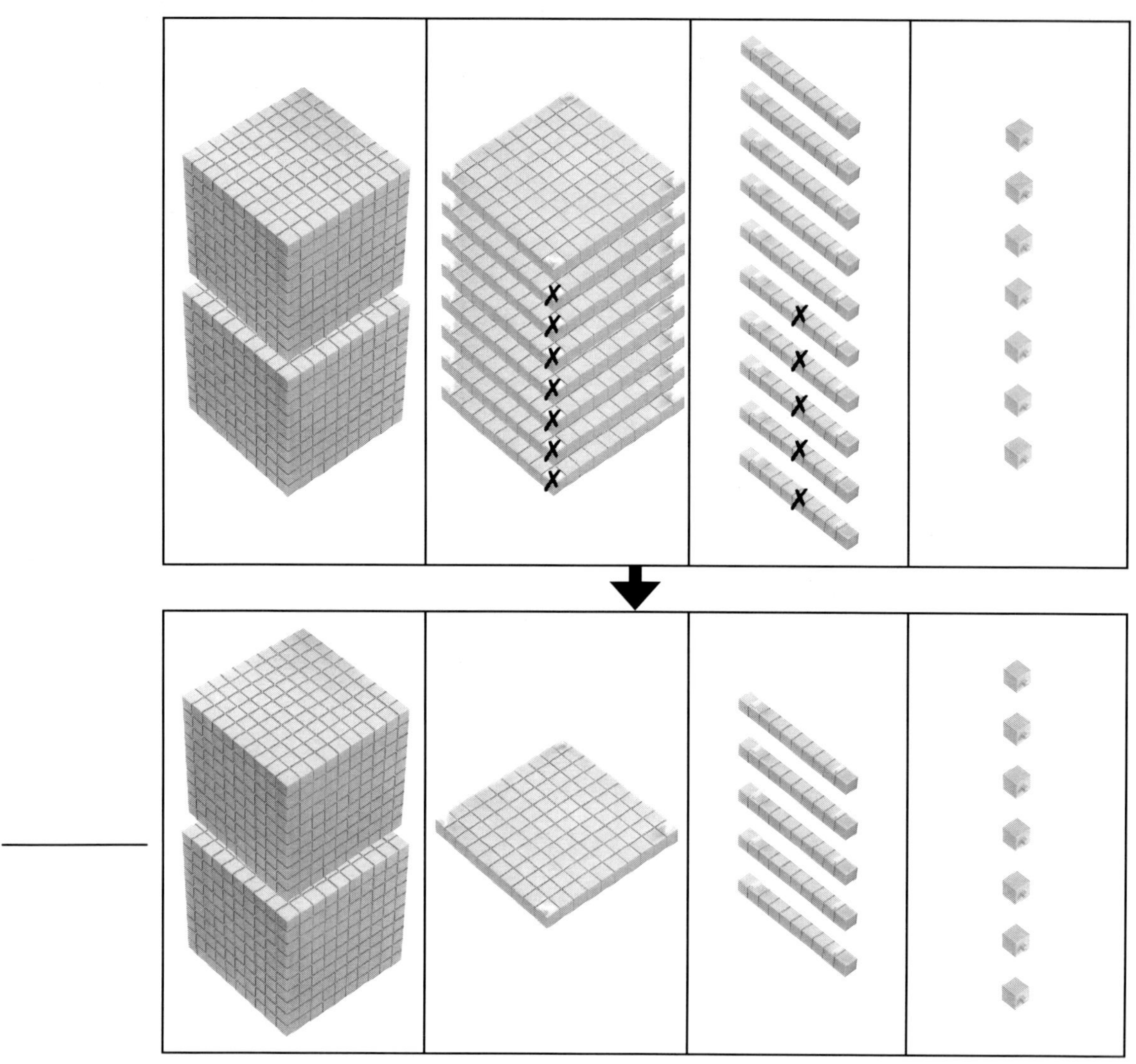

$$\begin{array}{r} 2{,}910 \\ -\quad 753 \\ \hline \boxed{} \end{array}$$

2,910 – 753 = ________

2 Halla la diferencia entre 2,236 y 4,312.

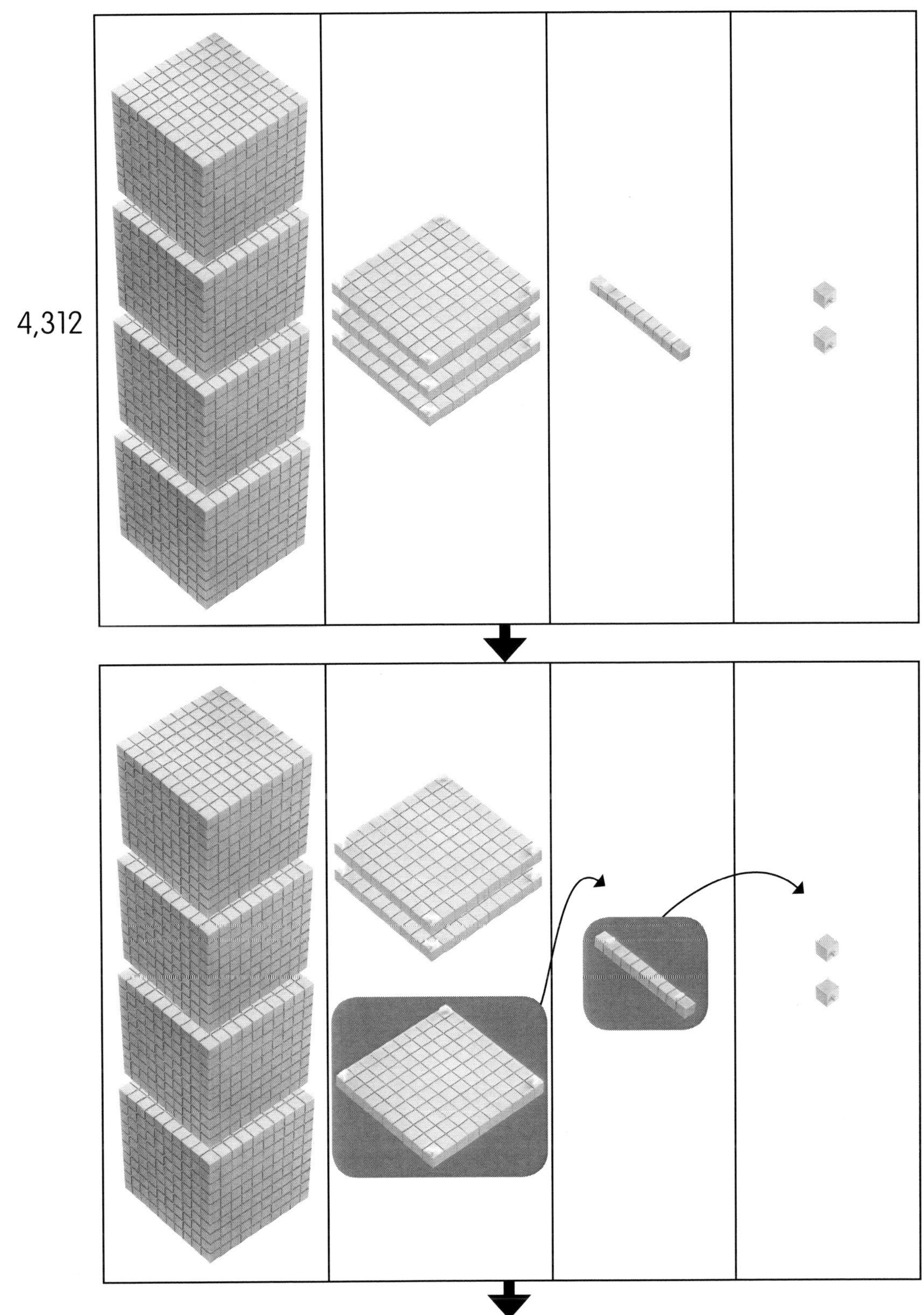

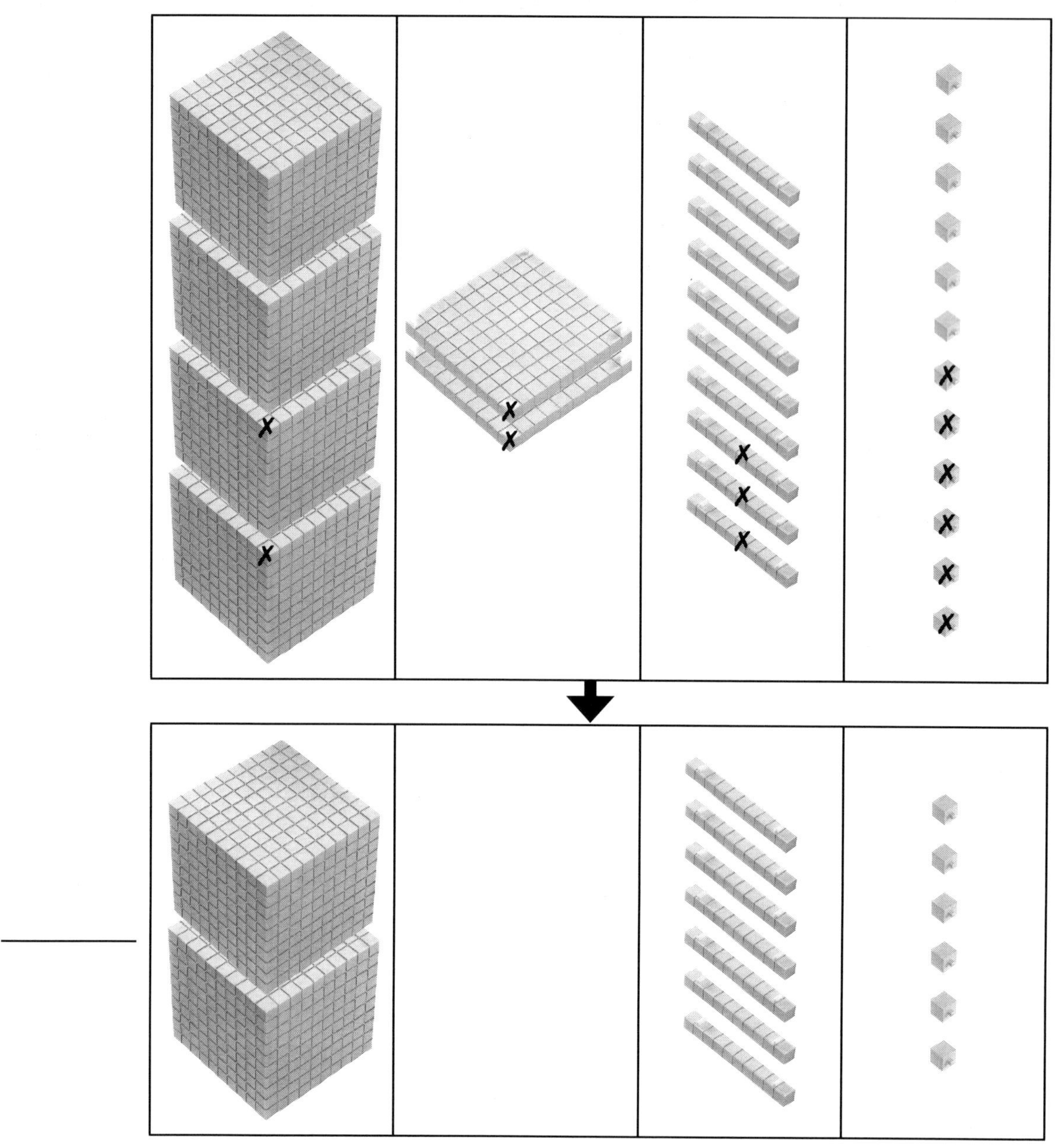

$$\begin{array}{r} 4,312 \\ -\ 2,236 \\ \hline \square \end{array}$$

4,312 – 2,236 = ______

La diferencia entre 4,312 y 2,236 es ______.

Resta.

3.
```
  2, 9 4 3
-      5 9
----------
[        ]
```

4.
```
  6, 5 7 0
-      9 1
----------
[        ]
```

5.
```
  3, 6 1 3
-    2 7 4
----------
[        ]
```

6.
```
  6, 5 2 4
-    1 3 8
----------
[        ]
```

7.
```
  5, 7 3 2
- 4, 0 6 4
----------
[        ]
```

8.
```
  9, 6 2 5
- 3, 2 8 8
----------
[        ]
```

Resta. Muestra el proceso en cada espacio en blanco. Luego, comprueba si tus resultados son razonables.

9. 7,824 – 489 = ____________

10. 2,655 – 1,397 = ____________

Completa cada espacio en blanco.

11.
```
       5   10  12
  8,  [ ]  1̸   2̸
- 3,   1  [ ]  5
-----------------
  5,   4   3   7
```

12.
```
       7   13  11
 [ ],  8̸  [ ]  1̸
- 7,  [ ]  5   6
-----------------
  2,   4   8   5
```

Resta. Luego, halla cuál es el mensaje al final de la página.

8,542 – 383 = ☐	– – –	2,652 – 597 = ☐	• –
5,626 – 248 = ☐	• • •	4,861 – 1,089 = ☐	•
9,512 – 5,363 = ☐	• • • •	3,731 – 1,255 = ☐	• – • •

Clave Morse								
A	B	C	D	E	F	G	H	I
• –	– • • •	– • – •	– • •	•	• • – •	– – •	• • • •	• •
J	K	L	M	N	O	P	Q	R
• – – –	– • –	• – • •	– –	– •	– – –	• – – •	– – • –	• – •
S	T	U	V	W	X	Y	Z	
• • •	–	• • –	• • • –	• – –	– • • –	– • – –	– – • •	

Cada resultado está representado por un símbolo en clave Morse.

Empareja las letras de la clave Morse con los siguientes resultados.

"¡ ______ ______ ______ ______ !"

______	______	______	______
4,149	8,159	2,476	2,055

Completa cada espacio en blanco.

14 Resta 1,987 de 2,110.

2,110

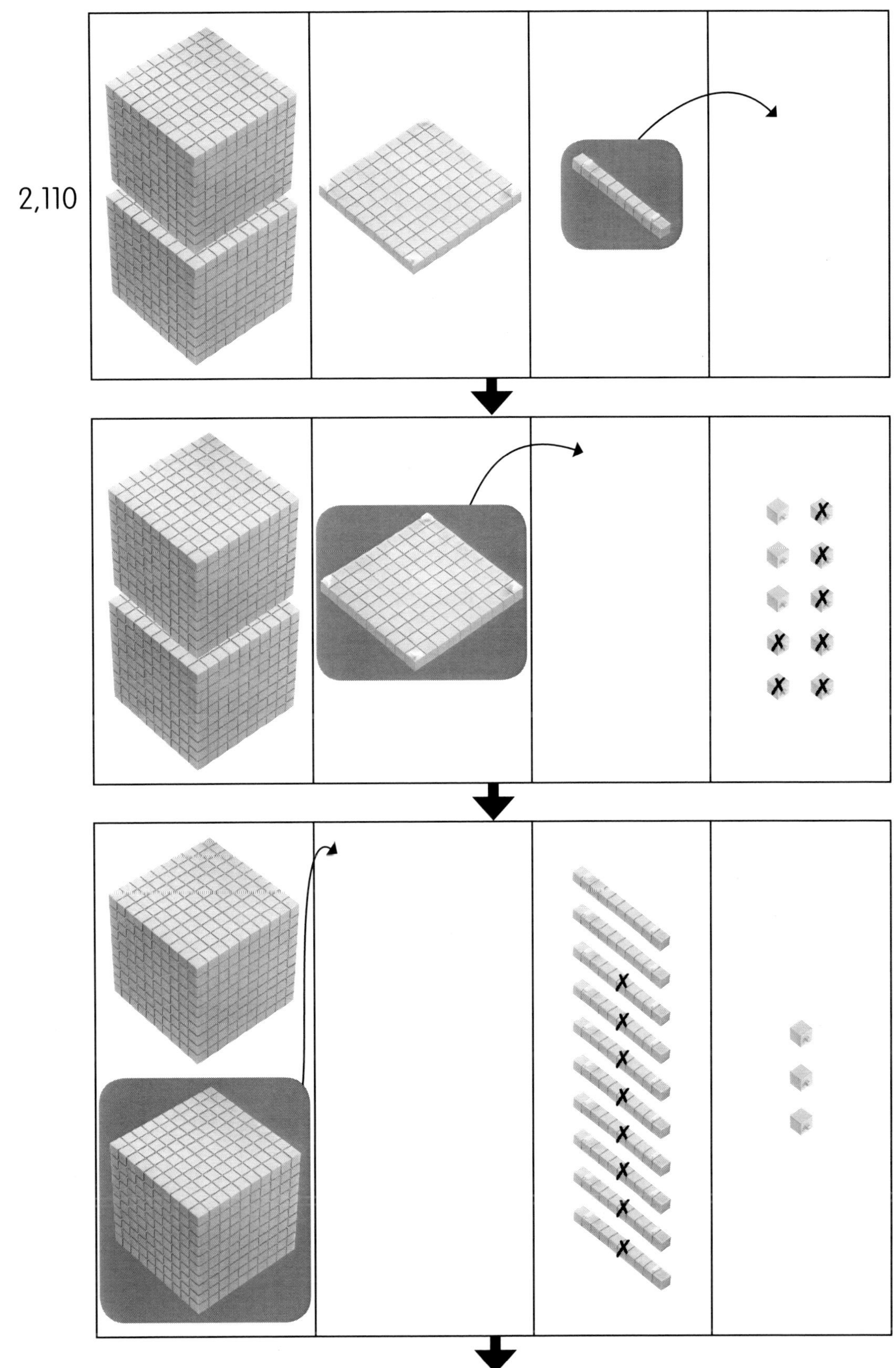

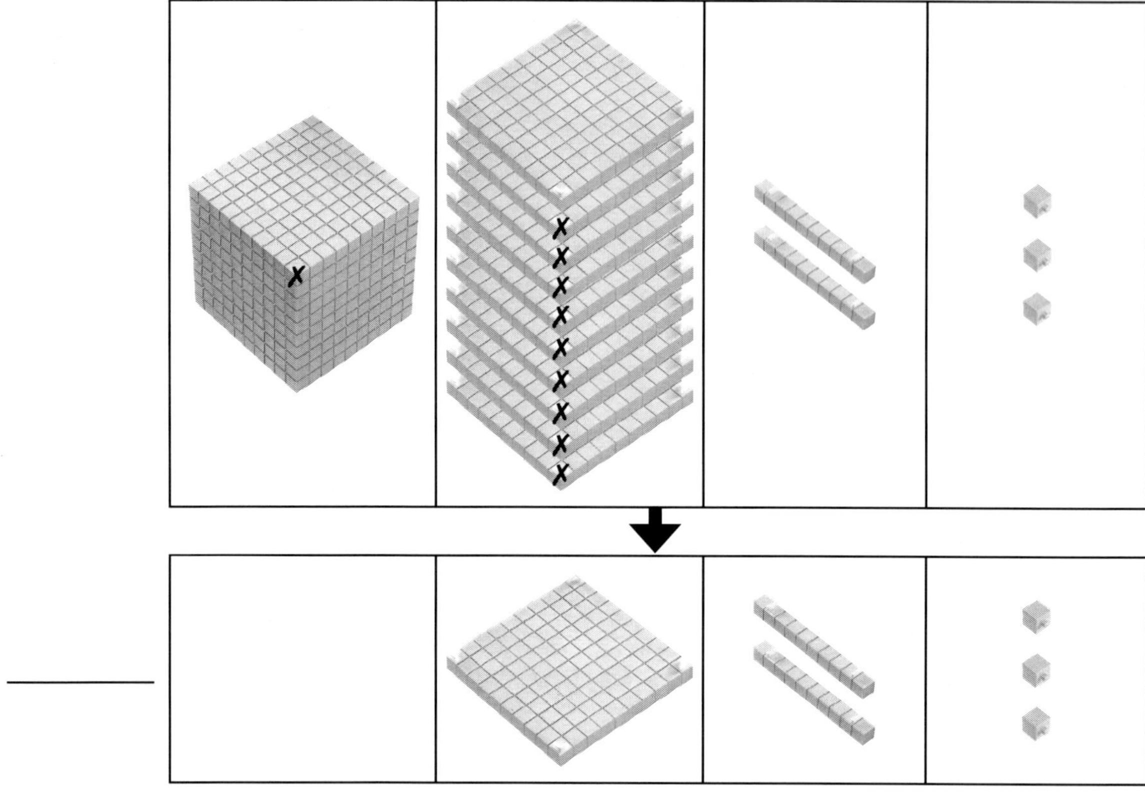

______

```
  2, 1 1 0
– 1, 9 8 7
```

2,110 – 1,987 = ______

Reagrupa y resta.

15
```
  1, 4 3 6
–     6 8 8
```

16
```
  2, 1 1 1
–     1 9 7
```

17
$$\begin{array}{r} 6{,}345 \\ -\ 469 \\ \hline \end{array}$$

18
$$\begin{array}{r} 7{,}556 \\ -\ 3{,}589 \\ \hline \end{array}$$

19
$$\begin{array}{r} 4{,}873 \\ -\ 1{,}984 \\ \hline \end{array}$$

20
$$\begin{array}{r} 5{,}160 \\ -\ 3{,}217 \\ \hline \end{array}$$

21
$$\begin{array}{r} 9{,}191 \\ -\ 2{,}563 \\ \hline \end{array}$$

22
$$\begin{array}{r} 8{,}956 \\ -\ 4{,}987 \\ \hline \end{array}$$

Colorea los resultados de las preguntas 15 a la 22 para hallar el camino al regalo.

	4,987	3,876	1,864
	5,533	1,914	6,628
	1,235	748	9,713
	6,753	2,889	276
	1,943	3,969	438
3,967	5,876	1,176	5,763

Comienzo

Reagrupa y resta.

23. $6{,}717 - 1{,}725 = \square$

24. $7{,}342 - 2{,}502 = \square$

25. $7{,}965 - 978 = \square$

26. $8{,}513 - 566 = \square$

27. $2{,}152 - 1{,}648 = \square$

28. $3{,}287 - 1{,}779 = \square$

29. $4{,}124 - 1{,}858 = \square$

30. $5{,}213 - 2{,}796 = \square$

31. $7{,}654 - 2{,}875 = \square$

32. $9{,}133 - 7{,}269 = \square$

Reagrupa y resta. Luego, colorea los espacios que contienen los resultados para identificar al animal en peligro* del sureste de Asia.

33
$$\begin{array}{r} 8,214 \\ -\ \ \ 635 \\ \hline \end{array}$$

34
$$\begin{array}{r} 8,462 \\ -\ \ \ 999 \\ \hline \end{array}$$

35
$$\begin{array}{r} 3,287 \\ -\ 1,779 \\ \hline \end{array}$$

36
$$\begin{array}{r} 6,522 \\ -\ 5,783 \\ \hline \end{array}$$

37
$$\begin{array}{r} 3,150 \\ -\ 1,274 \\ \hline \end{array}$$

38
$$\begin{array}{r} 9,731 \\ -\ 8,875 \\ \hline \end{array}$$

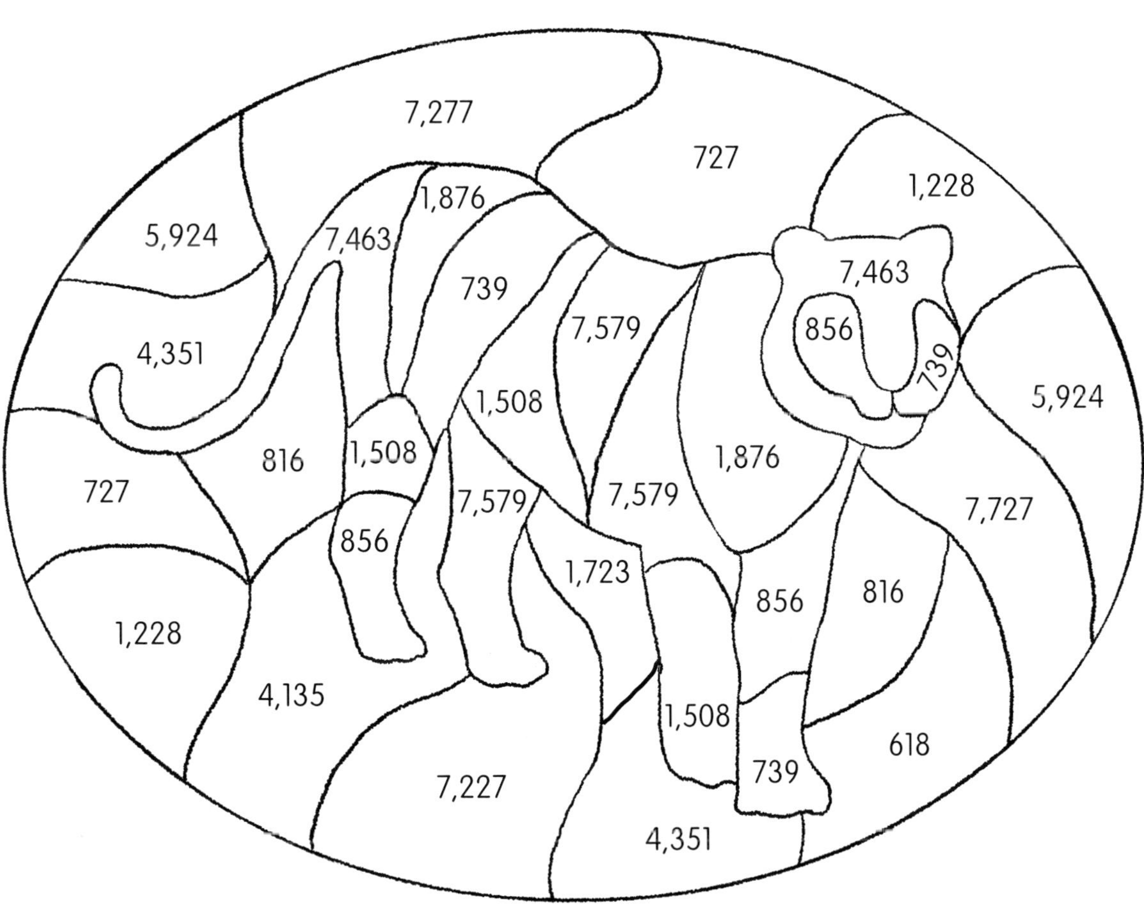

*Un animal está en peligro cuando quedan tan pocos de su especie que podría extinguirse.

Completa cada espacio en blanco.

39. Halla la diferencia entre 3,652 y 1,821. ________

40. Halla la diferencia entre 3,610 y 8,231. ________

41. La diferencia entre 6,117 y 725 es ________.

42. La diferencia entre 4,327 y 9,084 es ________.

43. Hay dos números.
El número mayor es 2,731.
El número mayor es 842 más que el número menor.

¿Cuál es el número menor? ________

44. Hay dos números.
El número mayor es 3,839.
La diferencia entre los dos números es 1,398.

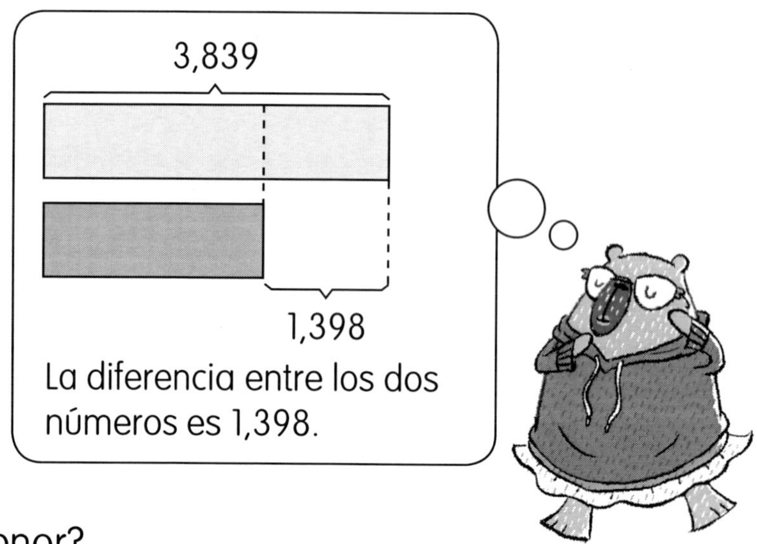

¿Cuál es el número menor? ________

45. 6,525 – ____________ = 6,125

46. 1,593 – ____________ = 93

47. 7,403 = 7,003 + ____________

48. ____________ – 60 = 1,700

49. 2,170 = ____________ + 300

50. ____________ + 500 = 3,580

Completa cada espacio en blanco.

51 Resta 1,777 de 2,000.

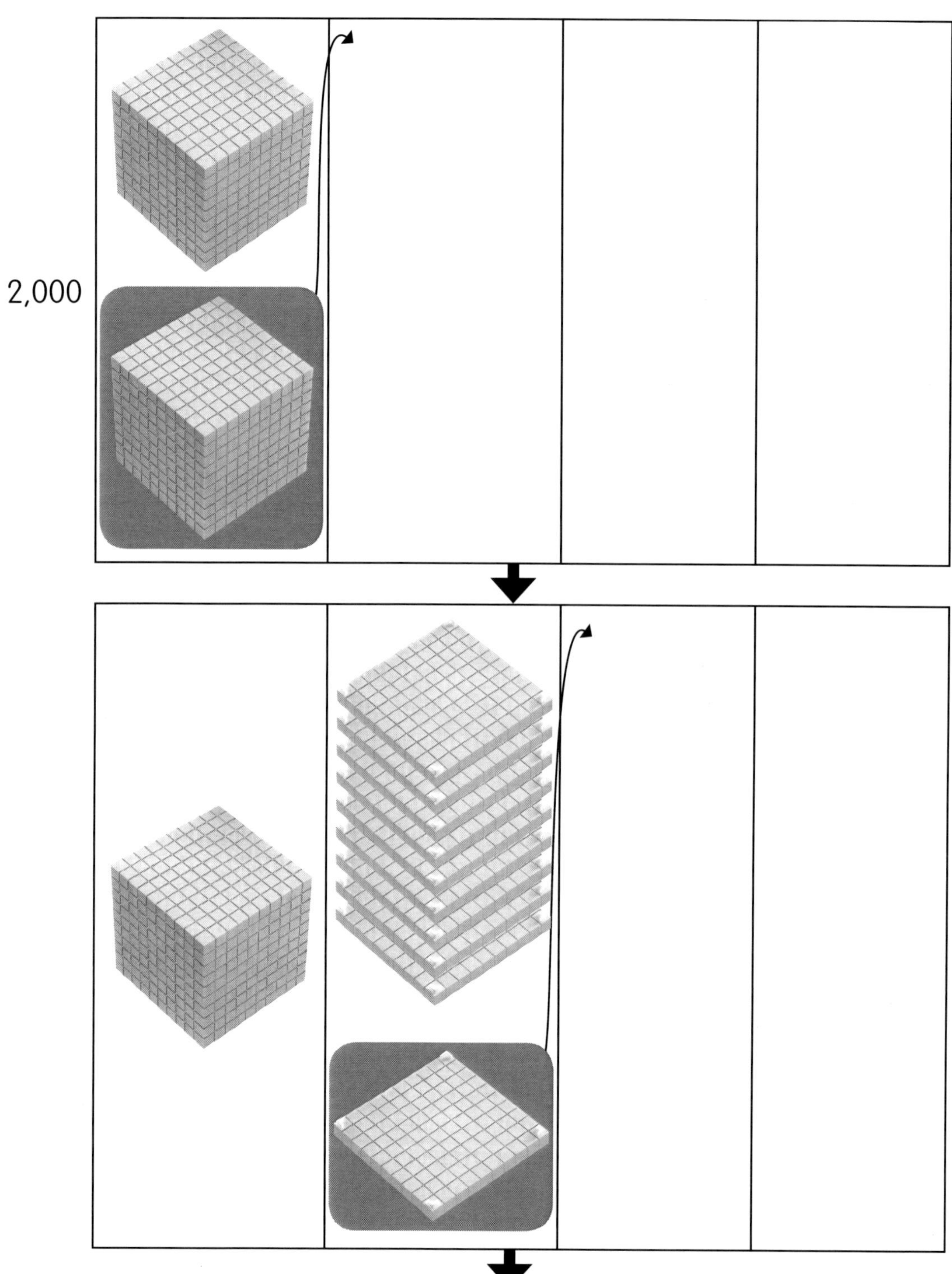

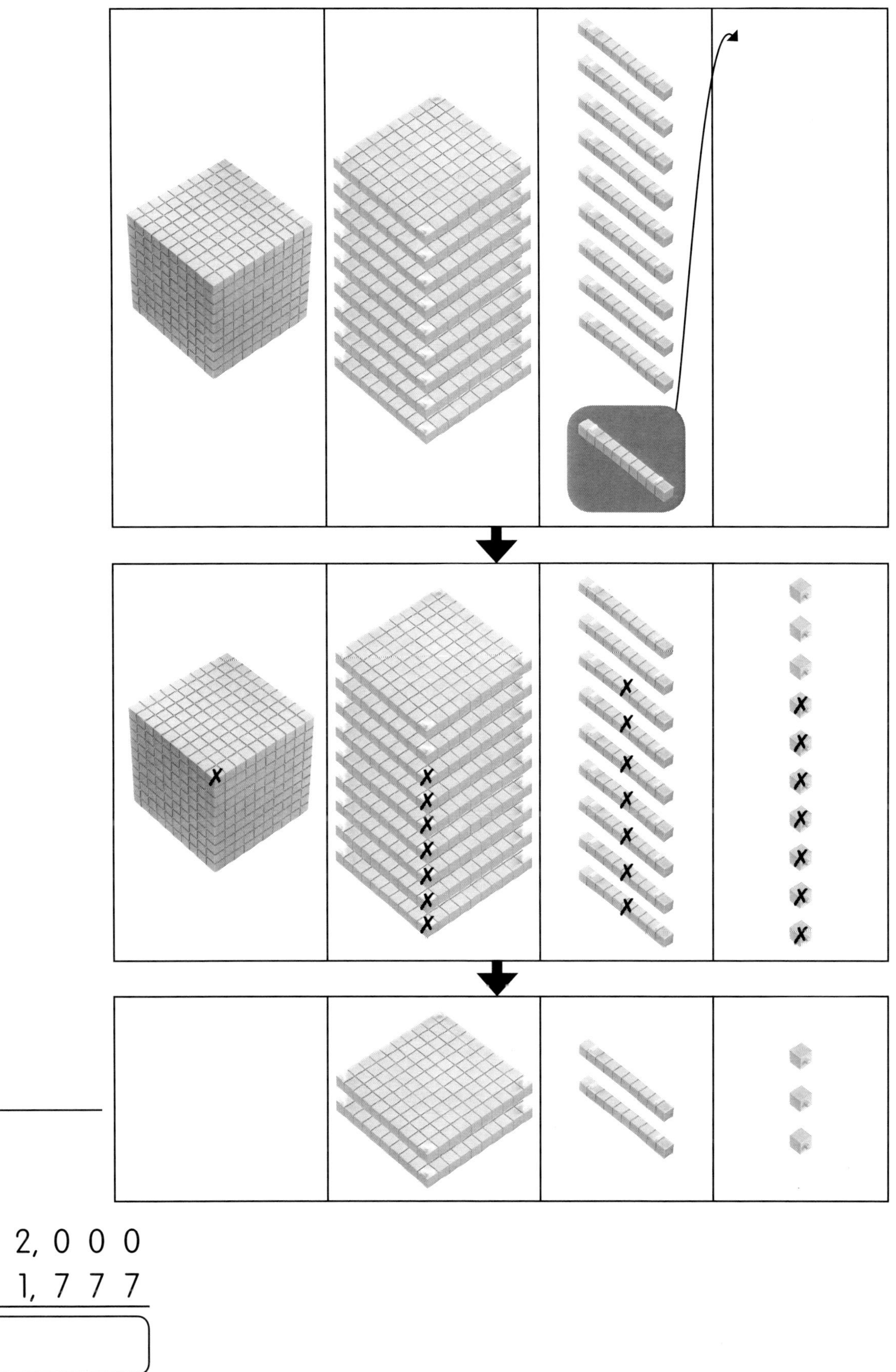

$$\begin{array}{r} 2,000 \\ -\ 1,777 \\ \hline \square \end{array}$$

2,000 – 1,777 = ________

Resta. Luego, comprueba si tus resultados son razonables.

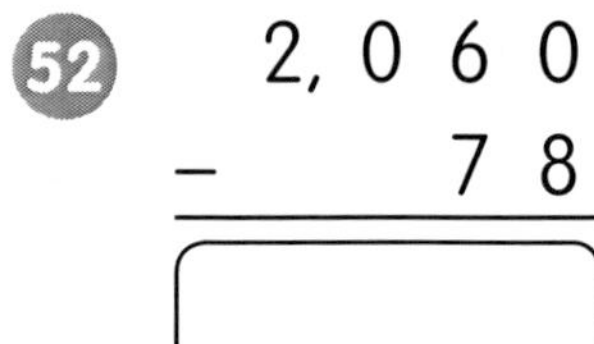

52)
$$\begin{array}{r} 2{,}060 \\ -\quad 78 \\ \hline \square \end{array}$$

53)
$$\begin{array}{r} 3{,}000 \\ -\quad 29 \\ \hline \square \end{array}$$

54)
$$\begin{array}{r} 1{,}060 \\ -\quad 343 \\ \hline \square \end{array}$$

55)
$$\begin{array}{r} 5{,}000 \\ -\quad 764 \\ \hline \square \end{array}$$

56)
$$\begin{array}{r} 2{,}006 \\ -\quad 358 \\ \hline \square \end{array}$$

57)
$$\begin{array}{r} 6{,}003 \\ -\ 1{,}437 \\ \hline \square \end{array}$$

58)
$$\begin{array}{r} 3{,}006 \\ -\ 2{,}515 \\ \hline \square \end{array}$$

59)
$$\begin{array}{r} 8{,}004 \\ -\ 5{,}476 \\ \hline \square \end{array}$$

Completa cada espacio en blanco.

60)
$$\begin{array}{rcccc} & 8 & \overset{9}{\cancel{10}} & \overset{9}{\cancel{10}} & 11 \\ & \cancel{9}, & \square & \cancel{0} & \square \\ - & \square, & 5 & \square & 7 \\ \hline & 3, & 4 & 4 & 4 \end{array}$$

61)
$$\begin{array}{rcccc} & 6 & \overset{9}{\cancel{10}} & \overset{9}{\cancel{10}} & 10 \\ & \cancel{7}, & \cancel{0} & \cancel{0} & \cancel{0} \\ - & 1, & \square & \square & \square \\ \hline & 5, & 0 & 0 & 1 \end{array}$$

Nombre: ____________________ Fecha: __________

Práctica adicional y tarea
Resta hasta el 10,000

Actividad 5 Problemas cotidianos: resta

Resuelve. Muestra el proceso. Usa los modelos de barras como ayuda. Luego, comprueba si tus resultados son razonables.

1. El grupo A reúne 9,876 botellas para un programa de reciclaje. El grupo B reúne 1,234 botellas menos que el grupo A. El grupo C reúne 2,345 botellas menos que el grupo B. ¿Cuántas botellas reúne el grupo C?

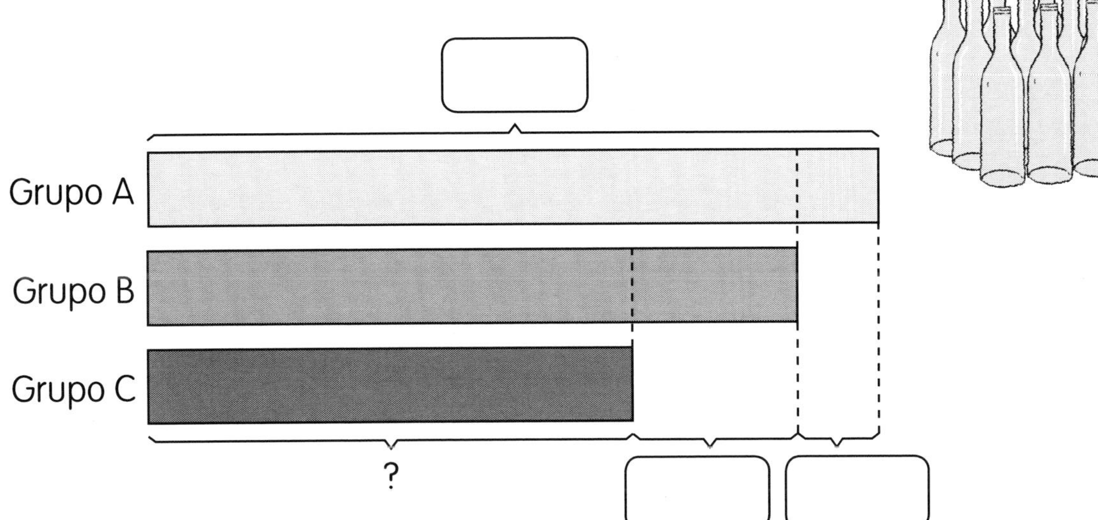

_____ ◯ _____ = _____

El grupo B reúne _____ botellas.

_____ ◯ _____ = _____

El grupo C reúne _____ botellas.

2 La Sra. Smith tiene $5,098. Un viaje a Islandia cuesta $2,455. Un viaje a París cuesta $696 menos que el viaje a Islandia. La Sra. Smith pagó los dos viajes.

a ¿Cuánto costó el viaje a París?

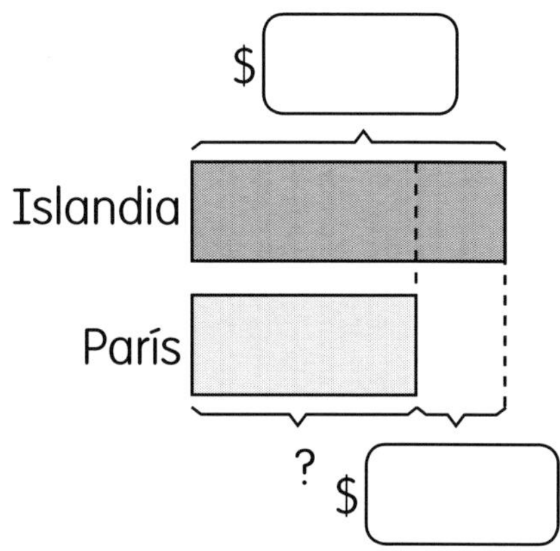

$______ ◯ $______ = $______

El viaje a París costó $______.

b ¿Cuánto dinero pagó la Sra. Smith por los dos viajes?

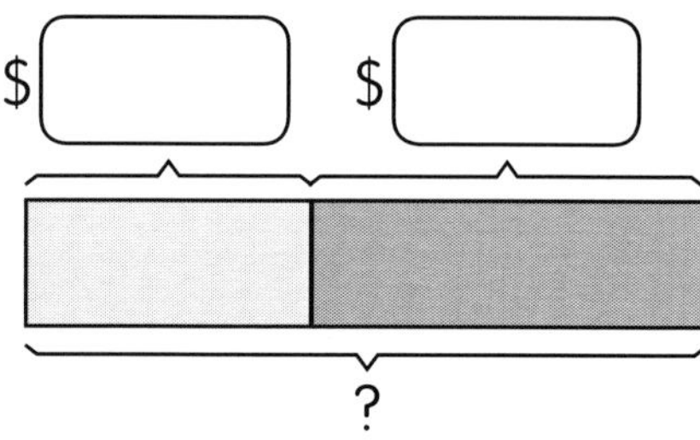

$______ ◯ $______ = $______

La Sra. Smitn pagó $______ por los dos viajes.

Resuelve. Muestra el proceso. Dibujar modelos de barras como ayuda. Luego, comprueba si tus resultados son razonables.

3. Emma y Ryan tienen 2,693 tarjetas en total.
Emma tiene 1,568 tarjetas.
Jacob tiene 372 tarjetas menos que Ryan.
¿Cuántas tarjetas tiene Jacob?

4 Una librería tiene 4,320 libros y revistas.
Tiene 2,169 libros. El resto son revistas.

a ¿Cuántas revistas tiene la librería?

b Hay 1,493 revistas de modas.
El resto son revistas deportivas.
¿Cuántas revistas deportivas tiene la librería?

5 La cuerda de Anya mide 1,831 centímetros.
La cuerda de Jack es 379 centímetros más corta que la cuerda de Anya.

a ¿Cuánto mide la cuerda de Jack?

b Jack usa 645 centímetros de su cuerda.
¿Cuánta cuerda le queda?

6 Una escuela aparta $4,756 para su fondo de deportes. Aparta $1,297 menos para el fondo de su biblioteca.

a ¿Cuánto dinero hay en el fondo de la biblioteca?

b Se gastan $948 del fondo de la biblioteca.
¿Cuánto dinero queda en el fondo de la biblioteca?

7 En una granja cosecharon 5,461 papas y 2,539 manzanas. Los trabajadores empacaron 3,850 papas y manzanas en cajas.

a ¿Cúantas papas y manzanas cosecharon en total en la granja?

b ¿Cuántas papas y manzanas quedaron sin empacar?

8 El Sr. Wilson paga $26.49 por su comida.
Es $11.52 más cara que la comida de la Sra. Hill.
La comida de la Sra. Mendoza es $2.22 más barata que la comida de la Sra. Hill.
¿Cuánto cuesta la comida de la Sra. Mendoza?

Nombre: ______________________ Fecha: ______________

DIARIO DE MATEMÁTICAS

1 **Hábito para matemáticas 2 Usar el razonamiento matemático**

¿Qué número de 4 dígitos puedes restar de 5,406 para obtener un número impar de 4 dígitos? Explica cómo puedes obtener el resultado.

2 **Hábito para matemáticas 2 Usa el razonamiento matemático**

¿Qué número de 4 dígitos puedes restar de 5,406 para obtener un número par de 4 dígitos? Explica cómo puedes obtener el resultado.

¡DESAFÍA TU MENTE!

Hábito para matemáticas 7 Usa la estructura

La diferencia entre dos números es 100.
El número menor está entre 90 y 100.
Haz una lista con los posibles pares de números.

Número menor	Número mayor	Diferencia

CONEXIONES DE LA

ESCUELA A LA CASA

Capítulo 4

Tablas de multiplicación

Estimada familia:

En este capítulo, su hijo aprenderá sobre las tablas de multiplicación del 6, 7, 8, 9, 11 y 12 y cómo se relacionan la multiplicación y la división. Las habilidades que practicará son las siguientes:

- contar de seis en seis, de siete en siete, de ocho en ocho, de nueve en nueve, de once en once y de doce en doce
- aprender las tablas de multiplicación del 6, 7, 8, 9, 11 y 12
- usar operaciones de multiplicación para derivar operaciones de división
- identificar patrones de multiplicación

Práctica matemática

Hay numerosas oportunidades en la vida cotidiana para que su hijo use operaciones de multiplicación y división. Al terminar el capítulo, realice con su hijo estas actividades, que le servirán para reforzar su comprensión de las operaciones.

Actividad 1

- Primero, escojan una tabla de multiplicación; por ejemplo, la del 6. Luego, empiecen a contar desde 1. Túrnense para decir el siguiente número de la serie.
- En lugar de cada producto, digan *¡Arriba!* Por ejemplo: 1, 2, 3, 4, 5, *¡Arriba!*, 7, 8, 9, 10, 11, *¡Arriba!*, 13, 14, 15, 16, 17, *¡Arriba!...*
- Cuando su hijo sea competente con la tabla del 6, repitan la actividad con las tablas de multiplicación del 7, 8, 9, 11 o 12.

Actividad 2

- Pida a su hijo que lance un cubo numerado para obtener un número; por ejemplo, 3.
- Luego, dígale que con ese número escriba una operación de multiplicación por 7; por ejemplo, 3 x 7 = 21.
- Repitan varias veces la actividad, usando operaciones de multiplicación por 8, 9, 11 o 12.

Charla de matemáticas

Explique a su hijo que una **matriz** es una agrupación de hileras y columnas. Por ejemplo:

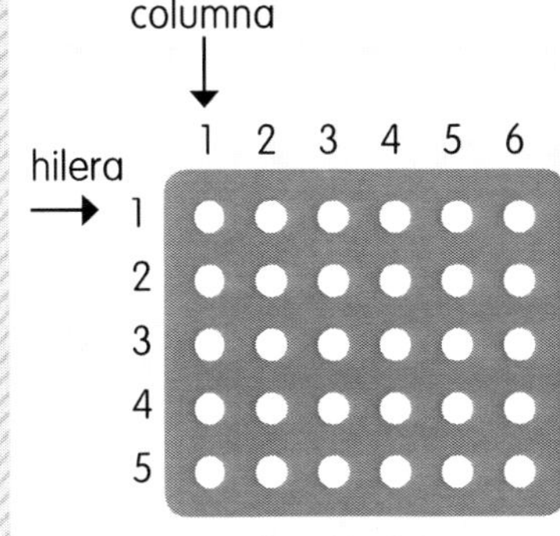

5 × 6 = 30

Ayúdele para entender el **modelo de área** de la multiplicación. Por ejemplo:

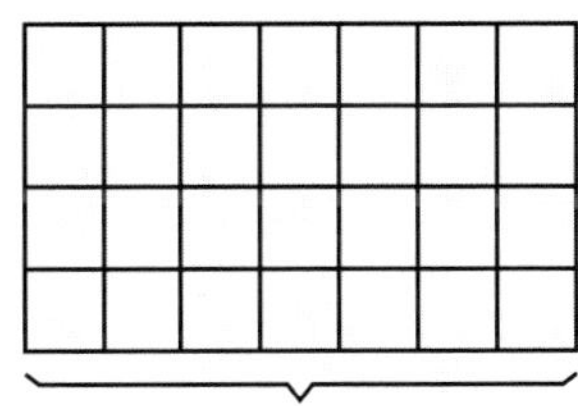

4 × 7 = 28

Pida a su hijo que explique la relación entre las **operaciones de multiplicación** y las **operaciones de división**; es decir, ¿por qué saber una operación de multiplicación le sirve para hallar una operación de división correspondiente?

Invítelo a comentar usando un ejemplo. Si 5 x 7 = 35 y 7 x 5 = 35, entonces sabemos que 35 ÷ 5 = 7 y 35 ÷ 7 = 5.

Escriba dos operaciones de multiplicación relacionadas y pida a su hijo que determine las operaciones de división correspondientes.

PÁGINA EN BLANCO

Nombre: ______________________ Fecha: ____________

Práctica adicional y tarea
Tablas de multiplicación

Actividad 1 Multiplicar por 6

En la sopa de números, halla y encierra en un círculo las tablas de multiplicación del 6. Las tablas de multiplicación (sin signos) pueden ser verticales, horizontales o diagonales.
Tienes un ejemplo resuelto.

1

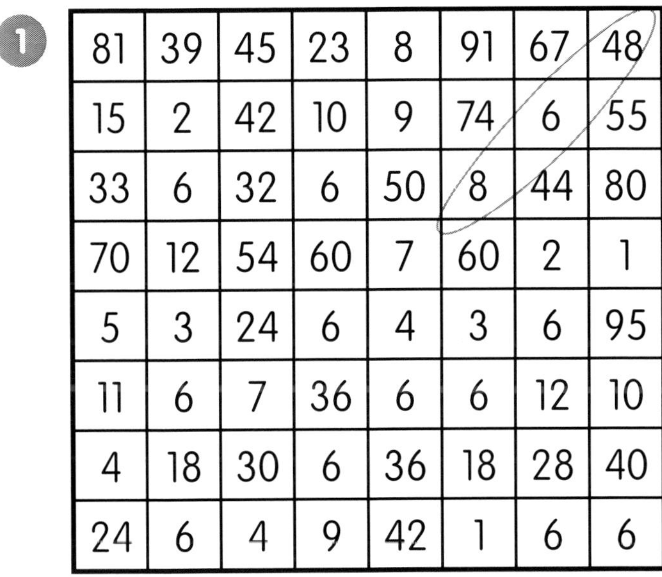

81	39	45	23	8	91	67	48
15	2	42	10	9	74	6	55
33	6	32	6	50	8	44	80
70	12	54	60	7	60	2	1
5	3	24	6	4	3	6	95
11	6	7	36	6	6	12	10
4	18	30	6	36	18	28	40
24	6	4	9	42	1	6	6

Multiplica. Usa las tablas de multiplicación que conozcas para hallar otras tablas de multiplicación.

2 $6 \times 6 =$ ______

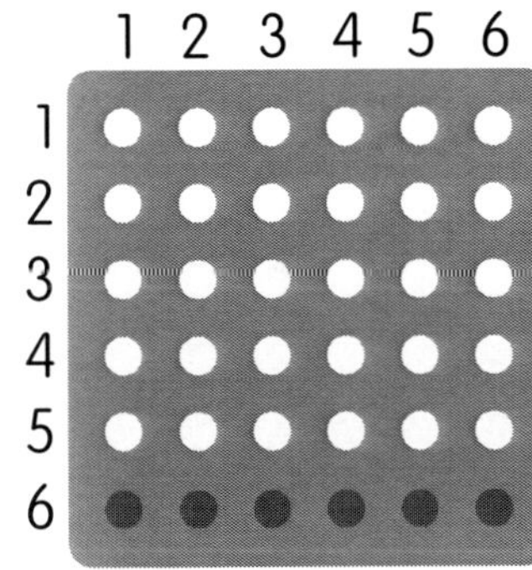

______ $\times 6 =$ ______

______ $\times 6 =$ ______

______ $\times 6 =$ ______ $+$ ______

$=$ ______

3. $8 \times 6 =$ ______

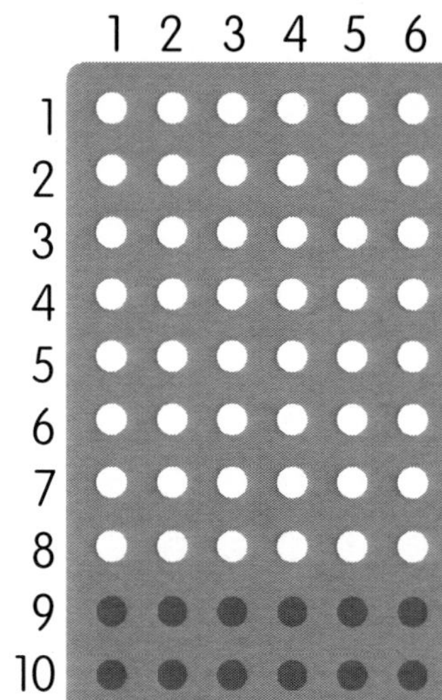

______ $\times 6 =$ ______

______ $\times 6 =$ ______

______ $\times 6 =$ ______ $-$ ______

$=$ ______

4. $7 \times 6 =$ ______

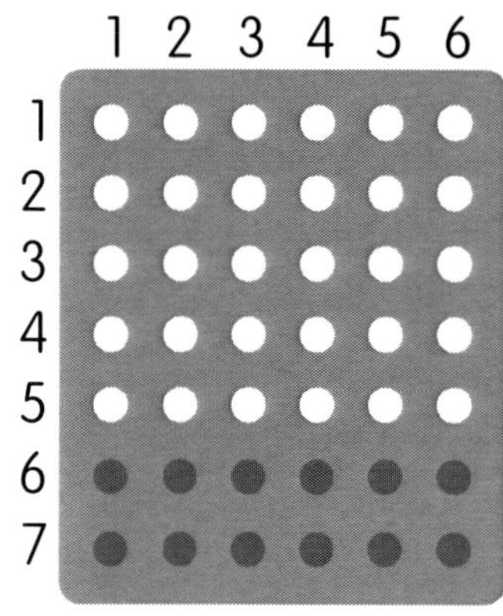

______ $\times 6 =$ ______

______ $\times 6 =$ ______

______ $\times 6 =$ ______ $+$ ______

$=$ ______

5. $9 \times 6 =$ ______

______ $\times 6 =$ ______

______ $\times 6 =$ ______

______ $\times 6 =$ ______ $-$ ______

$=$ ______

Nombre: ____________________ Fecha: ____________

Práctica adicional y tarea
Tablas de multiplicación

Actividad 2 Multiplicar por 7

En la sopa de números, halla y encierra en un círculo las tablas de multiplicación del 7. Las tablas de multiplicación (sin signos) pueden ser verticales, horizontales o diagonales.
Tienes un ejemplo resuelto.

56	10	6	29	49	3	61	77
7	35	7	52	7	4	7	28
8	7	1	70	7	56	2	47
75	5	22	7	83	58	7	39
63	14	68	14	7	2	15	8
7	26	3	5	54	20	92	42
9	7	80	7	13	49	7	7
21	0	60	35	8	51	90	6

Multiplica. Usa las tablas de multiplicación que conozcas para hallar otras tablas de multiplicación.

2 $6 \times 7 =$ ________

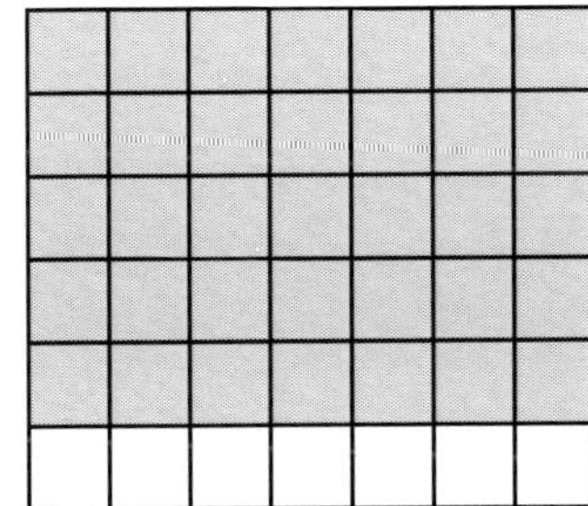

________ $\times 7 =$ ________

________ $\times 7 =$ ________

________ $\times 7 =$ ________ + ________

$=$ ________

3. $8 \times 7 =$ ________

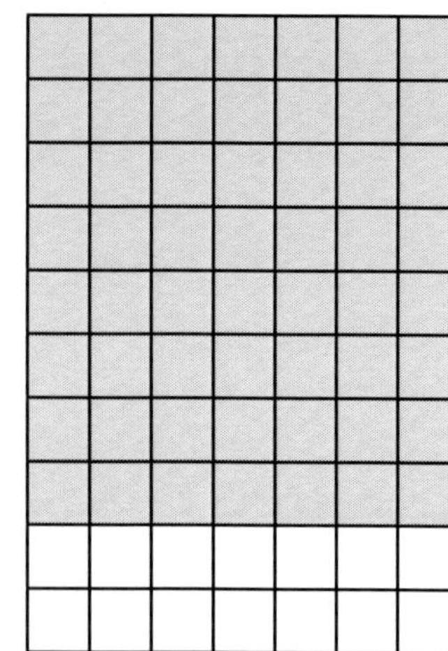

________ $\times 7 =$ ________

________ $\times 7 =$ ________

________ $\times 7 =$ ________ $-$ ________

$=$ ________

4. $9 \times 7 =$ ________

________ $\times 7 =$ ________

________ $\times 7 =$ ________

________ $\times 7 =$ ________ $-$ ________

$=$ ________

5. $7 \times 7 =$ ________

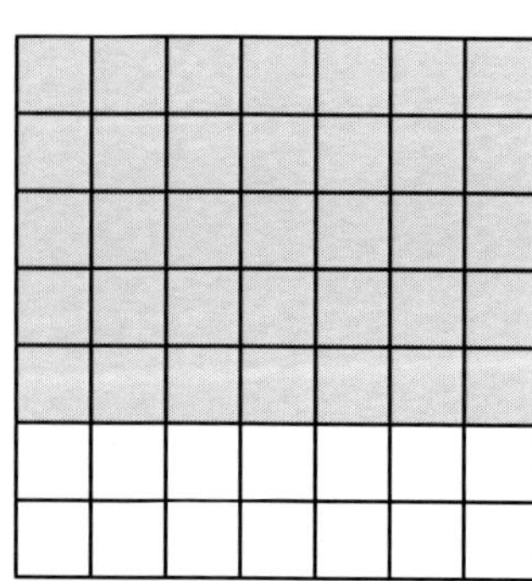

________ $\times 7 =$ ________

________ $\times 7 =$ ________

________ $\times 7 =$ ________ $+$ ________

$=$ ________

Práctica adicional y tarea
Tablas de multiplicación

Actividad 3 Multiplicar por 8

En la sopa de números, halla y encierra en un círculo las tablas de multiplicación del 8. Las tablas de multiplicación (sin signos) pueden ser verticales, horizontales o diagonales.
Tienes un ejemplo resuelto.

2	16	3	72	2	6	16	8
10	8	8	8	6	8	24	8
24	8	16	9	7	48	4	72
8	64	40	8	72	8	9	56
9	5	56	4	32	5	8	40
8	10	8	80	8	40	72	1
72	8	7	40	4	64	48	80
64	80	56	70	32	48	30	70

Multiplica. Usa las tablas de multiplicación que conozcas para hallar otras tablas de multiplicación.

2. 7 × 8 = ______

______ × 8 = ______

______ × 8 = ______

______ × 8 = ______ + ______

= ______

3. $6 \times 8 =$ ______

______ $\times 8 =$ ______

______ $\times 8 =$ ______

______ $\times 8 =$ ______ $+$ ______

$=$ ______

4. $9 \times 8 =$ ______

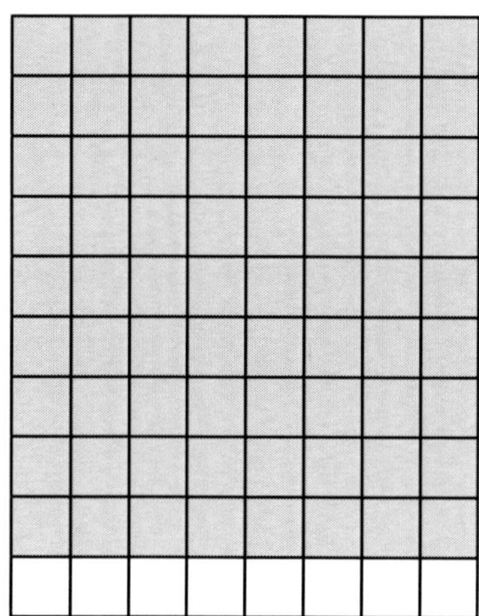

______ $\times 8 =$ ______

______ $\times 8 =$ ______

______ $\times 8 =$ ______ $-$ ______

$=$ ______

5. $8 \times 8 =$ ______

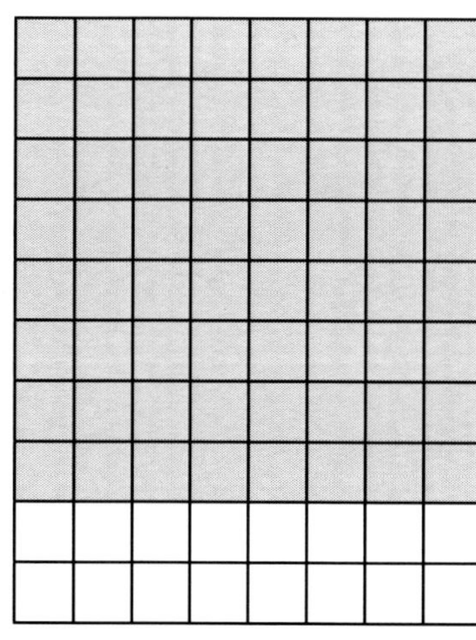

______ $\times 8 =$ ______

______ $\times 8 =$ ______

______ $\times 8 =$ ______ $-$ ______

$=$ ______

Nombre: ______________________ Fecha: ____________

Práctica adicional y tarea
Tablas de multiplicación

Actividad 4 Multiplicar por 9

En la sopa de números, halla y encierra en un círculo las tablas de multiplicación del 9. Las tablas de multiplicación (sin signos) pueden ser verticales, horizontales o diagonales. Tienes un ejemplo resuelto.

1

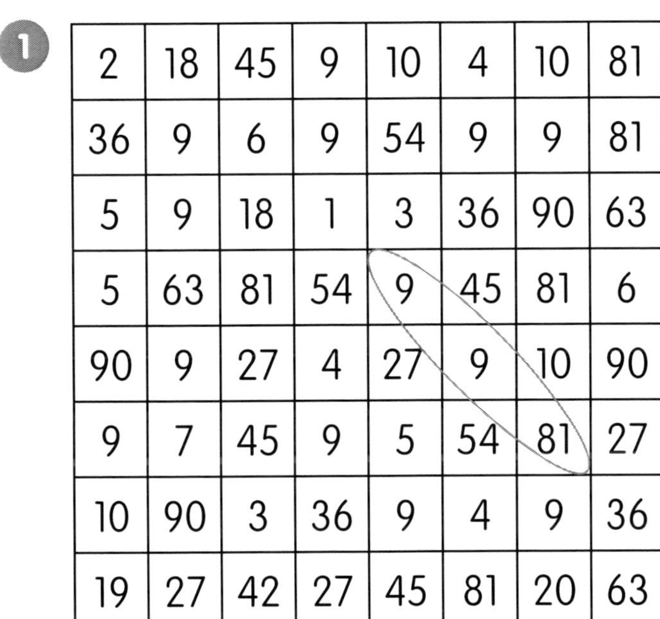

2	18	45	9	10	4	10	81
36	9	6	9	54	9	9	81
5	9	18	1	3	36	90	63
5	63	81	54	9	45	81	6
90	9	27	4	27	9	10	90
9	7	45	9	5	54	81	27
10	90	3	36	9	4	9	36
19	27	42	27	45	81	20	63

Multiplica. Usa las tablas de multiplicación que conozcas para hallar otras tablas de multiplicación.

2 $7 \times 9 =$ ______

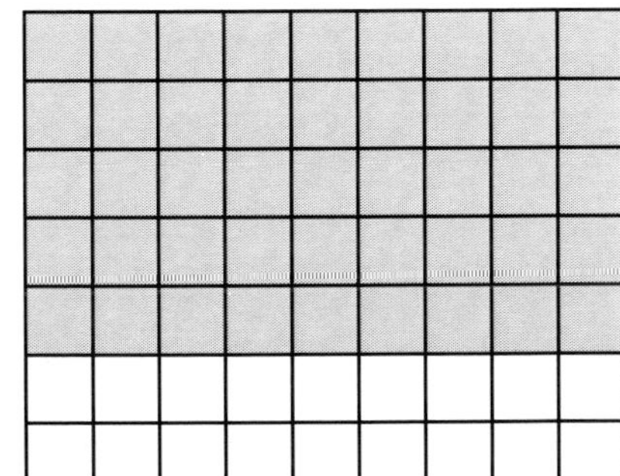

______ $\times 9 =$ ______

______ $\times 9 =$ ______

______ $\times 9 =$ ______ + ______

$=$ ______

3. $9 \times 9 =$ ______

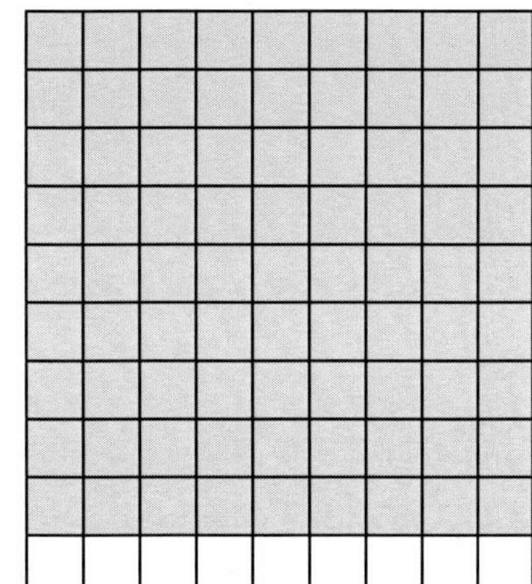

______ $\times 9 =$ ______

______ $\times 9 =$ ______

______ $\times 9 =$ ______ $-$ ______

$=$ ______

4. $8 \times 9 =$ ______

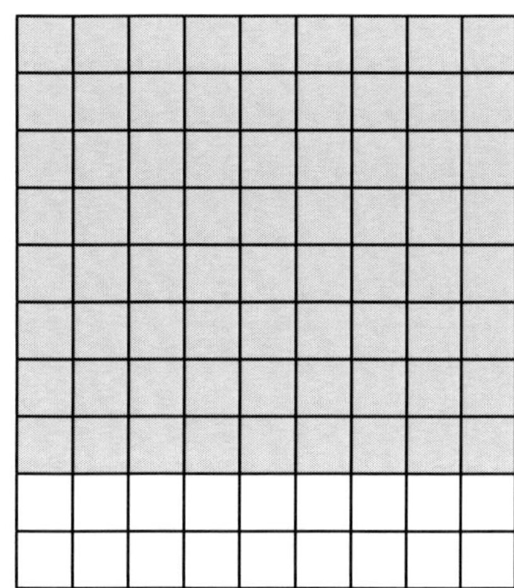

______ $\times 9 =$ ______

______ $\times 9 =$ ______

______ $\times 9 =$ ______ $-$ ______

$=$ ______

5. $6 \times 9 =$ ______

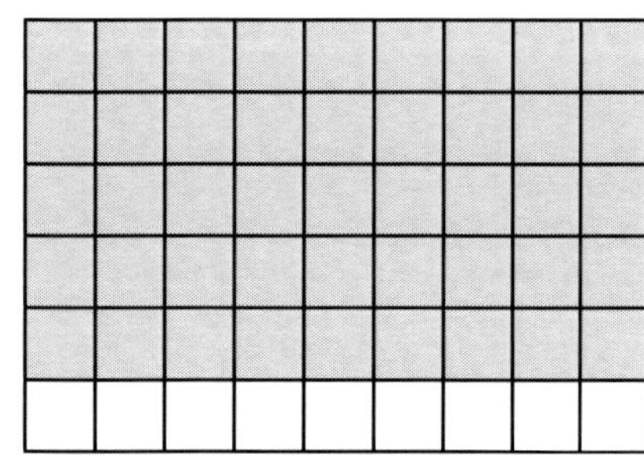

______ $\times 9 =$ ______

______ $\times 9 =$ ______

______ $\times 9 =$ ______ $+$ ______

$=$ ______

Nombre: ______________________ Fecha: ____________

Práctica adicional y tarea
Tablas de multiplicación

Actividad 5 Multiplicar por 11

En la sopa de números, halla y encierra en un círculo las tablas de multiplicación del 11. Las tablas de multiplicación (sin signos) pueden ser verticales, horizontales o diagonales.
Tienes un ejemplo resuelto.

11	22	77	11	7	2	44	22
77	88	66	11	6	11	11	55
7	11	77	1	4	2	99	66
5	8	7	3	11	33	77	9
11	2	11	22	44	10	11	110
55	33	33	88	110	99	110	3
1	11	11	6	66	9	11	99
55	99	44	82	44	33	99	88

Resuelve. Muestra el proceso.

2. Hannah dice que puede hallar el producto de 11 y cualquier número de 2 dígitos sin tener que escribirlo. ¿Cómo crees que sea posible? Explica.

____

____

____

Halla los números que faltan. Usa tablas de multiplicacióndel 11 como ayuda.

3. La pájara Bella solo come gusanos que lleven números que sean productos de 11. Tacha los gusanos que la pájara Bella no se come.

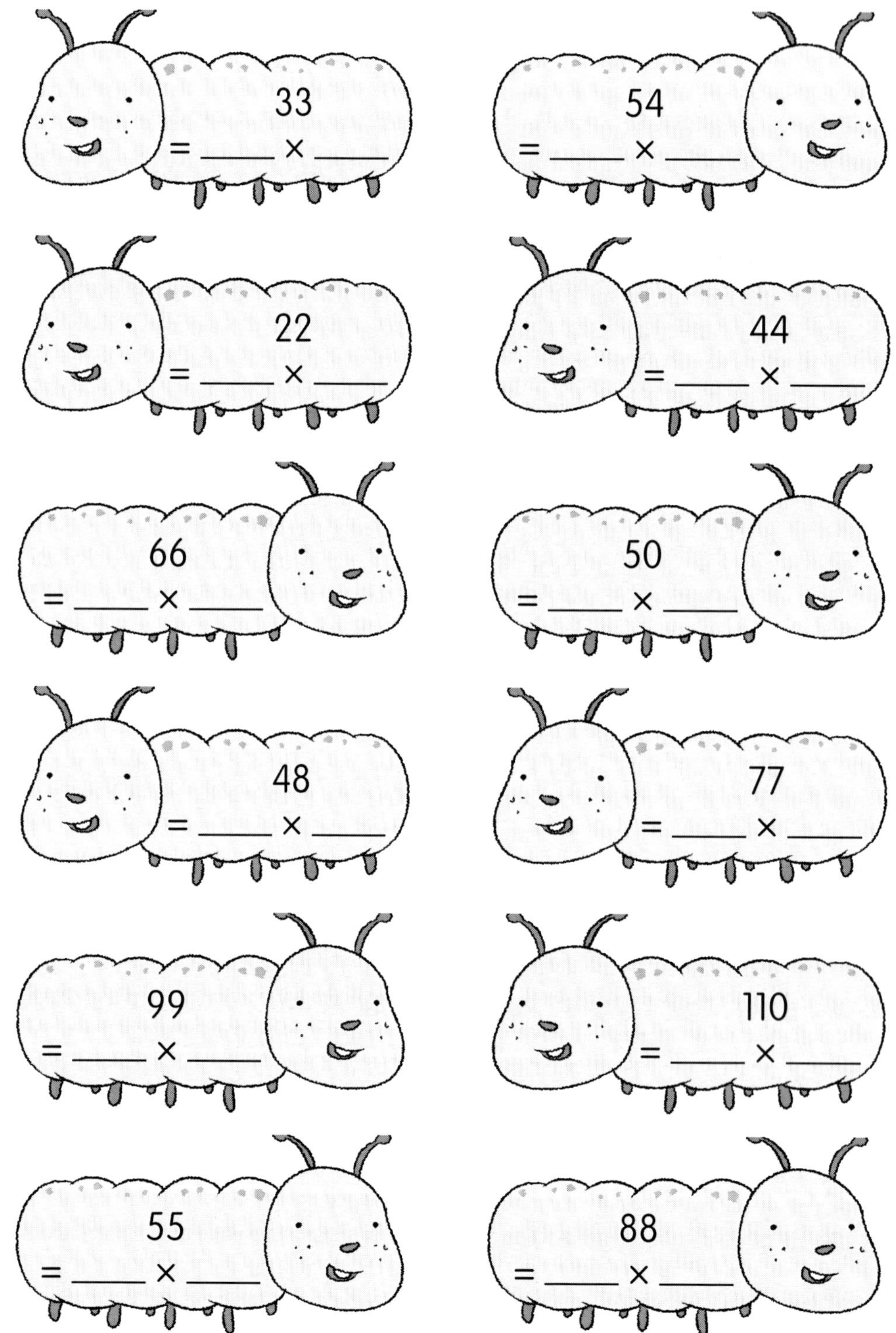

Nombre: ______________________ Fecha: ____________

Práctica adicional y tarea
Tablas de multiplicación

Actividad 6 Multiplicar por 12

En la sopa de números, halla y encierra en un círculo las tablas de multiplicación del 12. Las tablas de multiplicación (sin signos) pueden ser verticales, horizontales o diagonales. Tienes un ejemplo resuelto.

10	2	12	108	10	120	96	5
5	12	60	12	5	4	8	12
1	24	120	6	12	72	12	60
60	4	12	48	60	10	96	9
84	12	7	48	3	12	36	12
72	48	9	12	108	120	5	108
3	12	36	60	84	12	7	84
108	36	45	72	60	108	35	192

Resuelve. Muestra el proceso.

2 James dice que como 12 está en la tabla de multiplicación del 4, cualquier número de la tabla de multiplicación del 12 también estará en la tabla de multiplicación del 4. ¿Tiene razón James? Explica.

____

____

____

Multiplica y empareja. Usa tablas de multiplicación del 12 como ayuda.

La Sra. Brown fue de pesca. Capturó algunos peces. Los guardó en diferentes cajas. Halla qué pescado guardó en cuál caja.

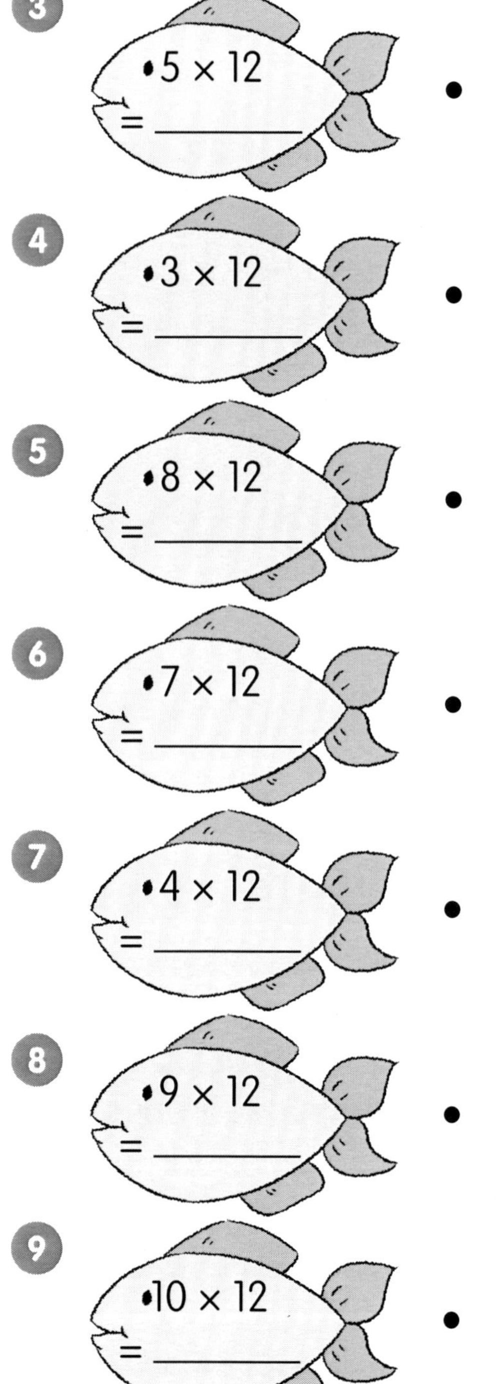

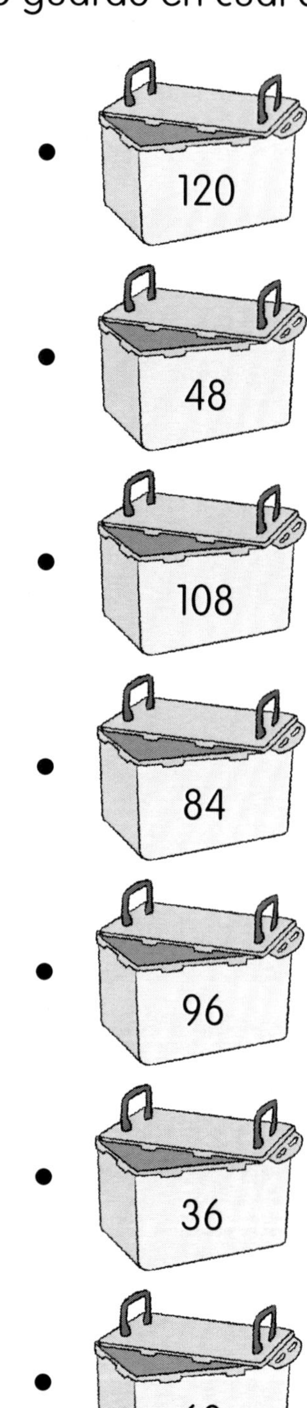

Nombre: ______________________ Fecha: ____________

Práctica adicional y tarea
Tablas de multiplicación

Actividad 7 Patrones de multiplicación

Resuelve.

1. Cuenta de 6 en 6. Sombrea los recuadros con números hallados en la tabla de multiplicación del 6.

1	2	3	4	5	6	7	8	9	10
11	12	13	14	15	16	17	18	19	20
21	22	23	24	25	26	27	28	29	30
31	32	33	34	35	36	37	38	39	40
41	42	43	44	45	46	47	48	49	50
51	52	53	54	55	56	57	58	59	60
61	62	63	64	65	66	67	68	69	70
71	72	73	74	75	76	77	78	79	80
81	82	83	84	85	86	87	88	89	90
91	92	93	94	95	96	97	98	99	100

2. ¿Qué observas sobre los números?

____

____

____

3 Escribe el dígito de las unidades de los siguientes tres números en la tabla de multiplicación del 6, después del último recuadro sombreado.

____

4 Cuenta de 7 en 7. Sombrea los recuadros con números hallados en la tabla de multiplicación del 7.

1	2	3	4	5	6	7	8	9	10
11	12	13	14	15	16	17	18	19	20
21	22	23	24	25	26	27	28	29	30
31	32	33	34	35	36	37	38	39	40
41	42	43	44	45	46	47	48	49	50
51	52	53	54	55	56	57	58	59	60
61	62	63	64	65	66	67	68	69	70
71	72	73	74	75	76	77	78	79	80
81	82	83	84	85	86	87	88	89	90
91	92	93	94	95	96	97	98	99	100

5 ¿Qué observas sobre los números?

____

____

____

6 Escribe el dígito de las unidades de los siguientes tres números en la tabla de multiplicación del 7, después del último recuadro sombreado.

____

7 Cuenta de 8 en 8. Sombrea los recuadros con números hallados en la tabla de multiplicación del 8.

1	2	3	4	5	6	7	8	9	10
11	12	13	14	15	16	17	18	19	20
21	22	23	24	25	26	27	28	29	30
31	32	33	34	35	36	37	38	39	40
41	42	43	44	45	46	47	48	49	50
51	52	53	54	55	56	57	58	59	60
61	62	63	64	65	66	67	68	69	70
71	72	73	74	75	76	77	78	79	80
81	82	83	84	85	86	87	88	89	90
91	92	93	94	95	96	97	98	99	100

8 ¿Qué observas sobre los números?

____

____

____

9 Escribe el dígito de las unidades de los siguientes tres números en la tabla de multiplicación del 8, después del último recuadro sombreado.

____

10 Cuenta de 9 en 9. Sombrea los recuadros con números hallados en la tabla de multiplicación del 9.

1	2	3	4	5	6	7	8	9	10
11	12	13	14	15	16	17	18	19	20
21	22	23	24	25	26	27	28	29	30
31	32	33	34	35	36	37	38	39	40
41	42	43	44	45	46	47	48	49	50
51	52	53	54	55	56	57	58	59	60
61	62	63	64	65	66	67	68	69	70
71	72	73	74	75	76	77	78	79	80
81	82	83	84	85	86	87	88	89	90
91	92	93	94	95	96	97	98	99	100

11 ¿Qué observas sobre los números?

____

____

____

12 Escribe el dígito de las unidades de los siguientes tres números en la tabla de multiplicación del 9, después del último recuadro sombreado.

____

13 ¿Cuál es la relación entre los números de las tablas de multiplicación del 3 y 9?

____

____

14 Cuenta de 11 en 11. Sombrea los recuadros con números hallados en la tabla de multiplicación del 11.

1	2	3	4	5	6	7	8	9	10
11	12	13	14	15	16	17	18	19	20
21	22	23	24	25	26	27	28	29	30
31	32	33	34	35	36	37	38	39	40
41	42	43	44	45	46	47	48	49	50
51	52	53	54	55	56	57	58	59	60
61	62	63	64	65	66	67	68	69	70
71	72	73	74	75	76	77	78	79	80
81	82	83	84	85	86	87	88	89	90
91	92	93	94	95	96	97	98	99	100
101	102	103	104	105	106	107	108	109	110

15 ¿Qué observas sobre los números?

____

____

____

16 Escribe el dígito de las unidades de los siguientes tres números en la tabla de multiplicación del 11, después del último recuadro sombreado.

____

17 Cuenta de 12 en 12. Sombrea los recuadros con números hallados en la tabla de multiplicación del 12.

1	2	3	4	5	6	7	8	9	10
11	12	13	14	15	16	17	18	19	20
21	22	23	24	25	26	27	28	29	30
31	32	33	34	35	36	37	38	39	40
41	42	43	44	45	46	47	48	49	50
51	52	53	54	55	56	57	58	59	60
61	62	63	64	65	66	67	68	69	70
71	72	73	74	75	76	77	78	79	80
81	82	83	84	85	86	87	88	89	90
91	92	93	94	95	96	97	98	99	100
101	102	103	104	105	106	107	108	109	110
111	112	113	114	115	116	117	118	119	120

18 ¿Qué observas sobre los números?

____

____

____

19 Escribe el dígito de las unidades de los siguientes tres números en la tabla de multiplicación del 12, después del último recuadro sombreado.

____

20 ¿Cuál es la relación entre los números de las tablas de multiplicación del 3, 4 y 12?

____

____

Nombre: ______________________ Fecha: ____________

Práctica adicional y tarea
Tablas de multiplicación

Actividad 8 Dividir usando operaciones de multiplicación

Halla los números que faltan. Usa operaciones de multiplicación relacionadas como ayuda.

1. Reparte 18 panecillos equitativamente entre 6 personas. ¿Cuántos panecillos recibe cada persona?

   ______ ÷ ______ = ______

   ☐ × 6 = 18
   18 ÷ 6 = ☐

   Cada persona recibe ______ panecillos.

2. Diego pone 35 flores equitativamente en 7 floreros. ¿Cuántas flores hay en cada florero?

   ______ ÷ ______ = ______

   ☐ × 7 = ☐
   ☐ ÷ 7 = ☐

   Hay ______ flores en cada florero.

3 El Sr. Cook cose en total 72 botones en varios vestidos. En cada vestido cose 8 botones. ¿Cuántos vestidos hay?

_____ ÷ _____ = _____

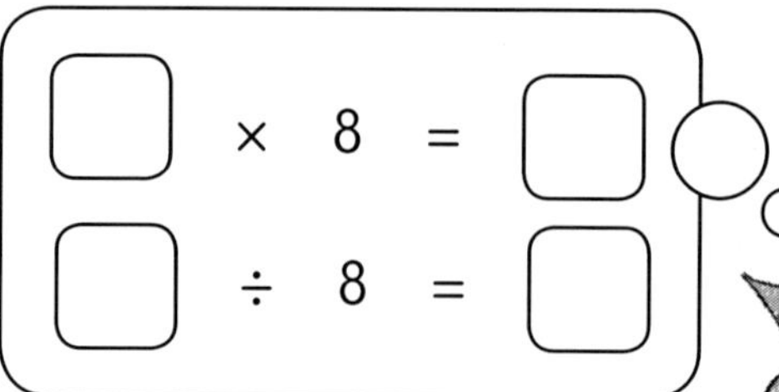

Hay _______ vestidos.

4 La maestra Jones tiene 63 monedas para repartir equitativamente entre varios niños. Cada niño recibe 9 monedas. ¿Cuántos niños hay?

_____ ÷ _____ = _____

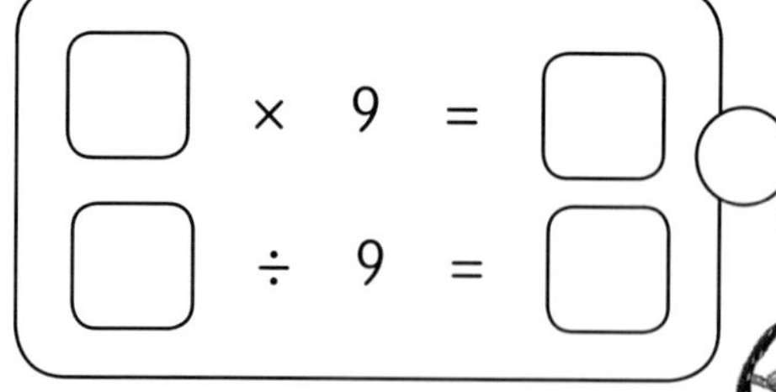

Hay _______ niños.

5 La maestra Clark reparte 22 marcadores equitativamente entre 11 estudiantes.
¿Cuántos marcadores recibe cada estudiante?

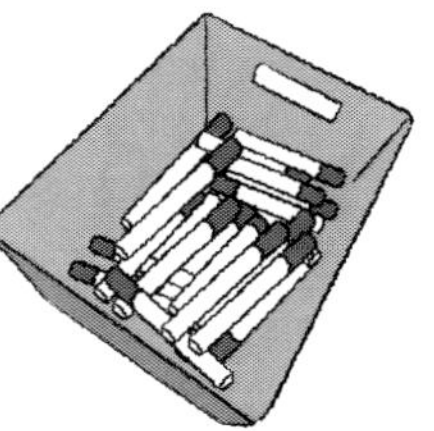

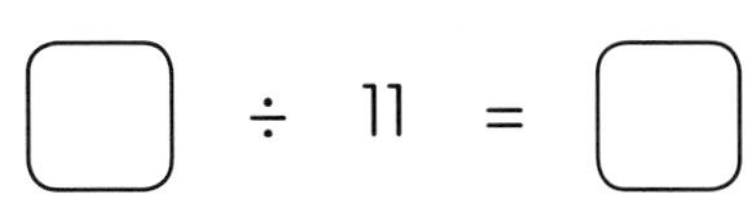

$\_\_\_\_ \div \_\_\_\_ = \_\_\_\_$

$\square \times 11 = 22$

$\square \div 11 = \square$

Cada estudiante recibe ______ marcadores.

6 La maestra García reparte 60 pelotas de tenis equitativamente entre 12 estudiantes. ¿Cuántas pelotas de tenis recibe cada estudiante?

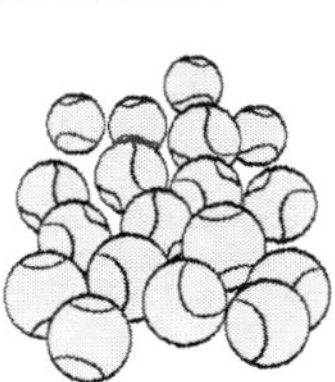

$\_\_\_\_ \div \_\_\_\_ = \_\_\_\_$

$\square \times 12 = 60$

$\square \div 12 = \square$

Cada estudiante recibe ______ pelotas de tenis.

Halla los números que faltan. Usa tablas de multiplicación como ayuda.

7. $8 \times 9 =$ ______ $9 \times$ ______ $=$ ______

______ $\div 9 =$ ______ ______ $\div$ ______ $= 9$

8. $5 \times 11 =$ ______ $11 \times$ ______ $=$ ______

______ $\div 11 =$ ______ ______ $\div$ ______ $= 11$

9. $2 \times 8 =$ ______ $8 \times$ ______ $=$ ______

______ $\div 8 =$ ______ ______ $\div$ ______ $= 8$

10. ______ $\times 7 =$ ______ $7 \times 4 =$ ______

______ $\div 7 =$ ______ ______ $\div$ ______ $= 7$

11. ______ $\times 12 =$ ______ $12 \times 6 =$ ______

______ $\div 12 =$ ______ ______ $\div$ ______ $= 12$

12. ______ $\times 6 =$ ______ $6 \times$ ______ $=$ ______

______ $\div 6 =$ ______ ______ $\div$ ______ $= 6$

Escribe dos ecuaciones de multiplicación y las ecuaciones de división relacionadas usando los números y los signos de operación dados.

13 7 | 42 | 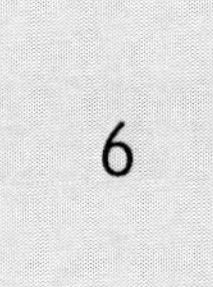

| × | 

| 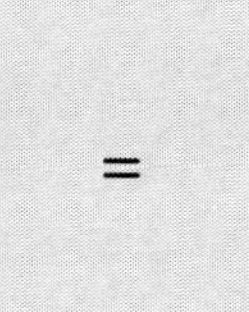

14 72 | 

| ÷ | 9 | 8 | =

15 90 | 

| 9 | 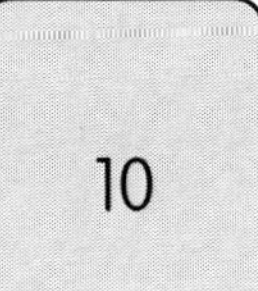

| 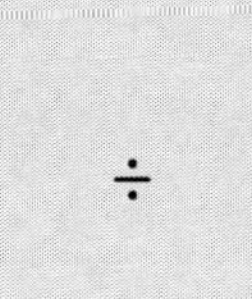

| =

Resuelve. Muestra el proceso.

16 Sara tiene 24 hebillas para el cabello. Quiere guardarlas equitativamente en bolsas de regalo. ¿De cuántas maneras puede Sara guardar sus hebillas? Explica cómo lo harías. Usa ilustraciones o palabras como ayuda.

17 Zane tiene 56 adhesivos. Quiere decorar cada una de sus tarjetas de felicitación con el mismo número de adhesivos. ¿De cuántas maneras puede Zane decorar las tarjetas? Explica cómo lo harías. Usa ilustraciones o palabras como ayuda.

18 Hay 72 escritorios. La maestra Cooper quiere ordenarlos equitativamente en hileras en el salón de clase. ¿Cuáles son algunas maneras en las que la maestra Cooper puede ordenar los escritorios en el salón? Explica cómo lo harías. Usa ilustraciones o palabras como ayuda.

Nombre: ______________________ Fecha: ____________

Hábito para matemáticas 2 Usar el razonamiento matemático

En este capítulo aprendiste sobre tablas de multiplicación. Observa la siguiente ecuación matemática.

$$6 \times 8 = 48$$

Si el primer número se reduce a la mitad y el segundo se duplica, ¿qué pasa con el producto? Explica.

¡DESAFÍA TU MENTE!

Hábito para matemáticas 1 **Perseverar en la resolución de problemas**

El Sr. Green tiene en total 100 escarabajos peloteros y arañas en su colección. Las criaturas tienen en total 740 patas. ¿Cuántos escarabajos y arañas tiene el Sr. Green?

Escarabajos peloteros (6 patas)	Arañas (8 patas)	Número total de patas	Correcto (✓) / Incorrecto (X)

Estima y comprueba tu resultado.

El Sr. Green tiene _____ escarabajos peloteros y _____ arañas.

CONEXIONES DE LA

ESCUELA A LA CASA

Multiplicación

Estimada familia:

En este capítulo, su hijo aprenderá a multiplicar números de hasta 3 dígitos por un número de 1 dígito.
Las habilidades que practicará son las siguientes:

- multiplicar usando modelos
- multiplicar sin reagrupación
- multiplicar con reagrupación

Práctica matemática

Hay numerosas oportunidades en la vida cotidiana para que su hijo multiplique. Al terminar el capítulo, realice con su hijo estas actividades, que le servirán para practicar la multiplicación de números.

Actividad 1

- En casa o en el supermercado, busquen una bolsa de pan para perros calientes o hamburguesas.
- Pida a su hijo que cuente el número de panes de la bolsa.
- Dígale que halle cuántos panes hay en 9, 10 y 11 bolsas, si todas las bolsas tienen el mismo número de panes.

Actividad 2

- Normalmente, los cartones de huevos tienen entre 6 y 12 piezas. Pida a su hijo que cuente los espacios de un cartón de huevos que tengan en casa.
- Dígale que halle cuántos huevos hay en 5 cartones, si todos contienen el mismo número de huevos.

Ayude a su hijo para entender el significado de la palabra **producto**, que es el resultado de un problema de multiplicación.

Observen juntos la siguiente operación y pida a su hijo que halle el producto:
5 x 70 = ?
El producto de 5 por 70 es 350.

Anime a su hijo para que escriba y resuelva un problema de multiplicación y que diga el producto.

PÁGINA EN BLANCO

Nombre: ______________________ Fecha: ____________

Práctica adicional y tarea
Multiplicación

Actividad 1 Multiplicar usando modelos

Usa la matriz para hallar cada número que falta.

1. $16 \times 8 = ?$

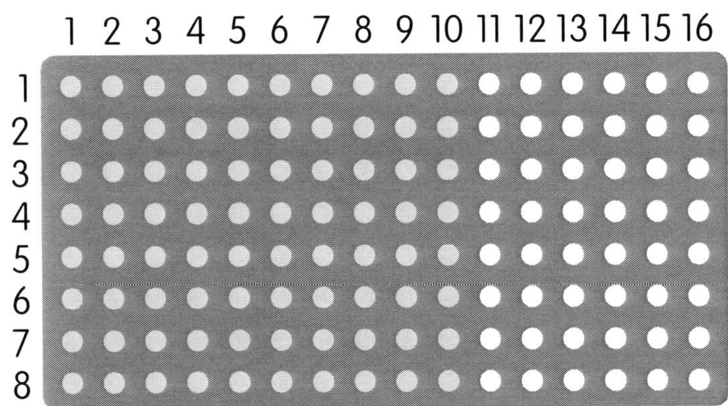

$16 \times 8 = (\_\_\_\_ \times 8) + (\_\_\_\_ \times 8)$

$= \_\_\_\_ + \_\_\_\_$

$= \_\_\_\_$

2. $15 \times 6 = ?$

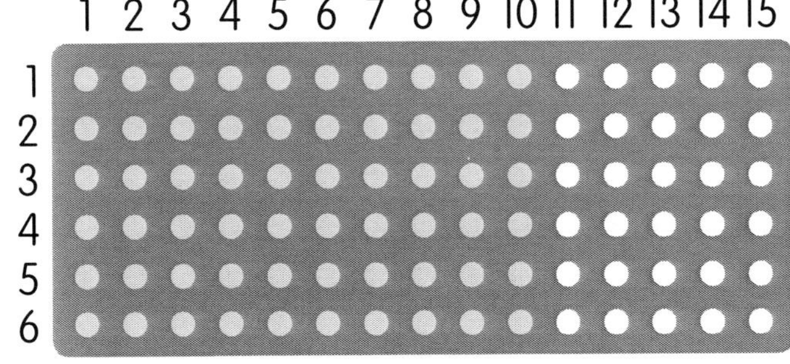

$15 \times 6 = (\_\_\_\_ \times 6) + (\_\_\_\_ \times 6)$

$= \_\_\_\_ + \_\_\_\_$

$= \_\_\_\_$

3 $13 \times 5 = ?$

$13 \times 5 = (\_\_\_\_\_ \times 5) + (\_\_\_\_\_ \times 5)$

$= \_\_\_\_\_ + \_\_\_\_\_$

$= \_\_\_\_\_$

4 $15 \times 7 = ?$

$15 \times 7 = (\_\_\_\_\_ \times 7) + (\_\_\_\_\_ \times 7)$

$= \_\_\_\_\_ + \_\_\_\_\_$

$= \_\_\_\_\_$

5 $14 \times 3 = ?$

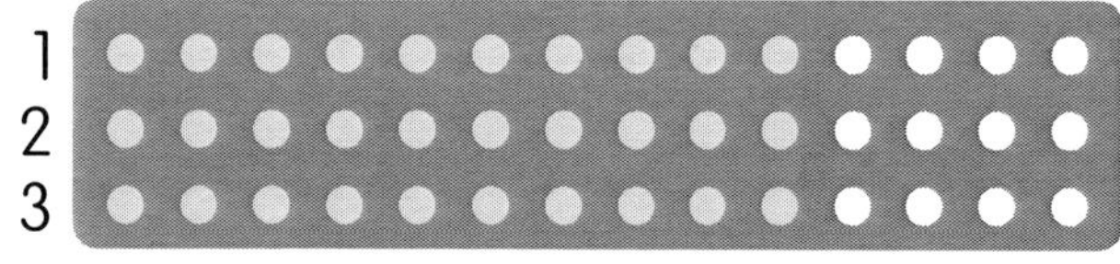

$14 \times 3 = (\_\_\_\_\_ \times 3) + (\_\_\_\_\_ \times 3)$

$= \_\_\_\_\_ + \_\_\_\_\_$

$= \_\_\_\_\_$

Usa el modelo de área para hallar cada número que falta.

6 $19 \times 7 = ?$

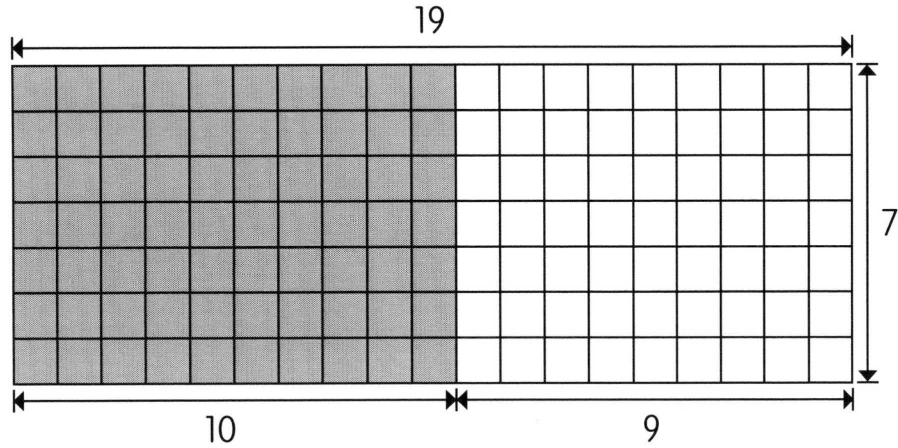

$19 \times 7 = (\_\_\_\_\_\_ \times 7) + (\_\_\_\_\_\_ \times 7)$

$= \_\_\_\_\_\_ + \_\_\_\_\_\_$

$= \_\_\_\_\_\_$

7 $17 \times 5 = ?$

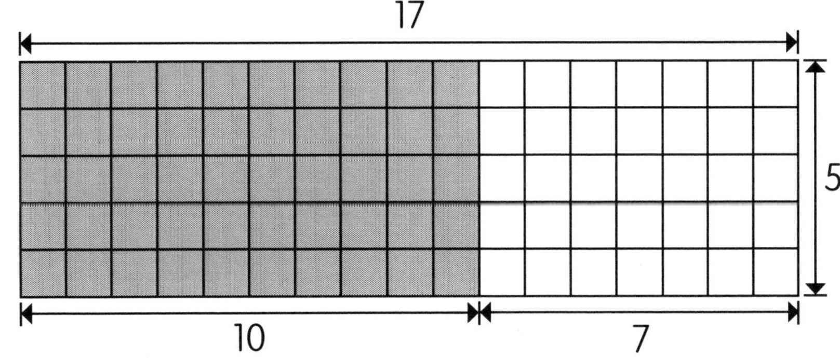

$17 \times 5 = (\_\_\_\_\_\_ \times 5) + (\_\_\_\_\_\_ \times 5)$

$= \_\_\_\_\_\_ + \_\_\_\_\_\_$

$= \_\_\_\_\_\_$

8 $18 \times 4 = ?$

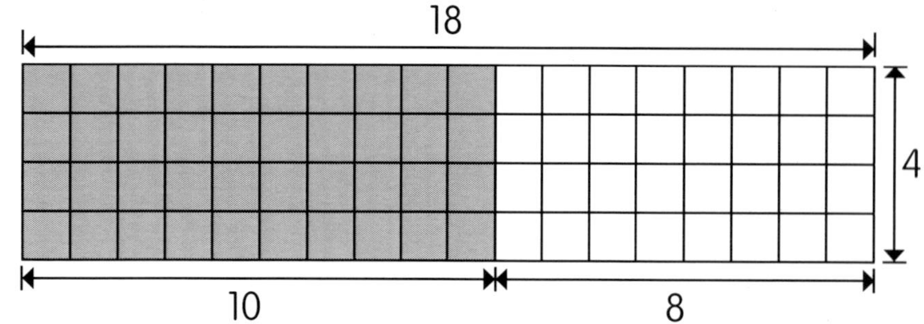

$18 \times 4 = ($______ $\times 4) + ($______ $\times 4)$

$=$ ______ $+$ ______

$=$ ______

9 $16 \times 9 = ?$

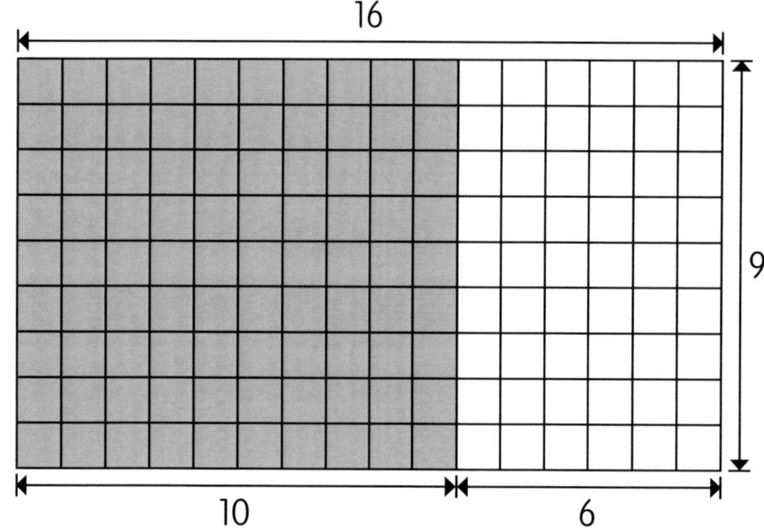

$16 \times 9 = ($______ $\times 9) + ($______ $\times 9)$

$=$ ______ $+$ ______

$=$ ______

10 $41 \times 5 = ?$

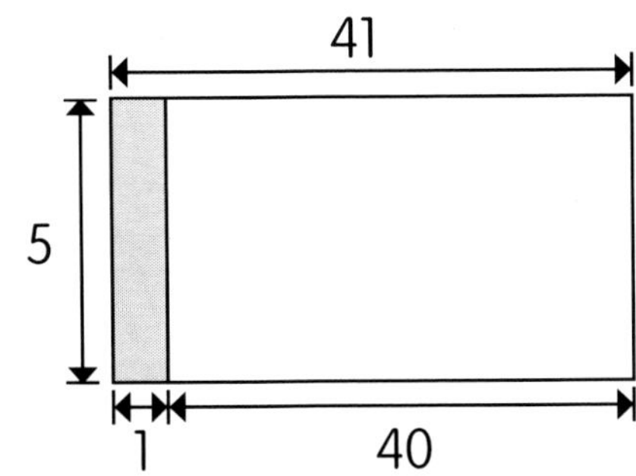

$41 \times 5 = (\_\_\_\_\_ \times 5) + (\_\_\_\_\_ \times 5)$

$= \_\_\_\_\_ + \_\_\_\_\_$

$= \_\_\_\_\_$

11 $38 \times 9 = ?$

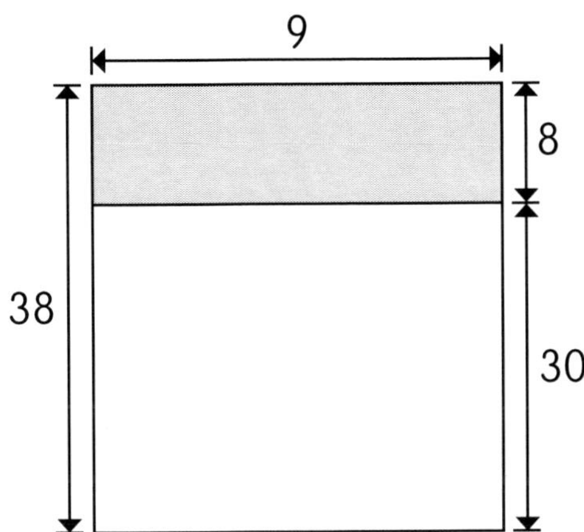

$38 \times 9 = (\_\_\_\_\_ \times 9) + (\_\_\_\_\_ \times 9)$

$= \_\_\_\_\_ + \_\_\_\_\_$

$= \_\_\_\_\_$

12 $36 \times 7 = ?$

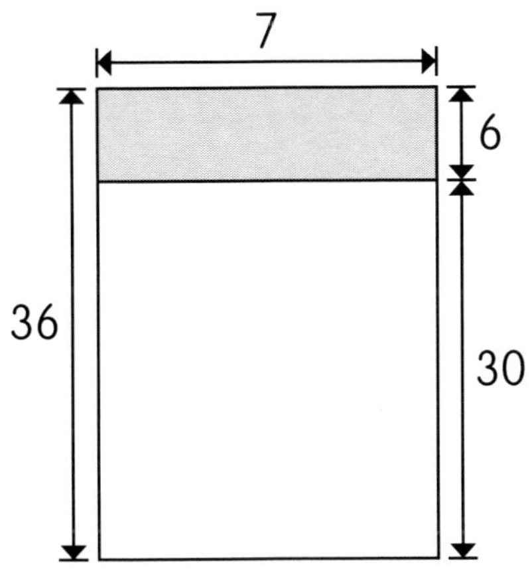

$36 \times 7 = (\_\_\_\_\_ \times 7) + (\_\_\_\_\_ \times 7)$

$= \_\_\_\_\_ + \_\_\_\_\_$

$= \_\_\_\_\_$

13 $153 \times 4 = ?$

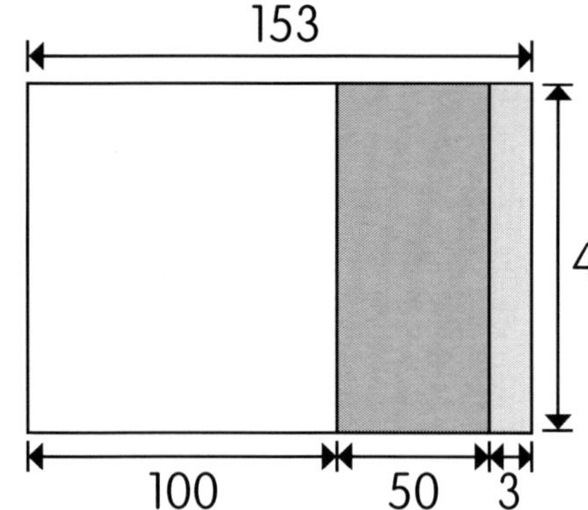

153×4

$= (\_\_\_\_ \times 4) + (\_\_\_\_ \times 4) + (\_\_\_\_ \times 4)$

$= \_\_\_\_\_\_ + \_\_\_\_\_\_ + \_\_\_\_\_\_$

$= \_\_\_\_\_\_$

Completa cada espacio en blanco del modelo del área. Luego, usa el modelo para multiplicar.

14 $26 \times 9 = ?$

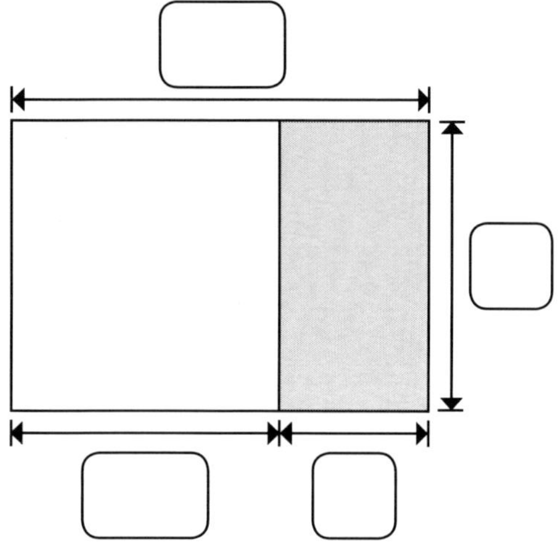

15 $222 \times 7 = ?$

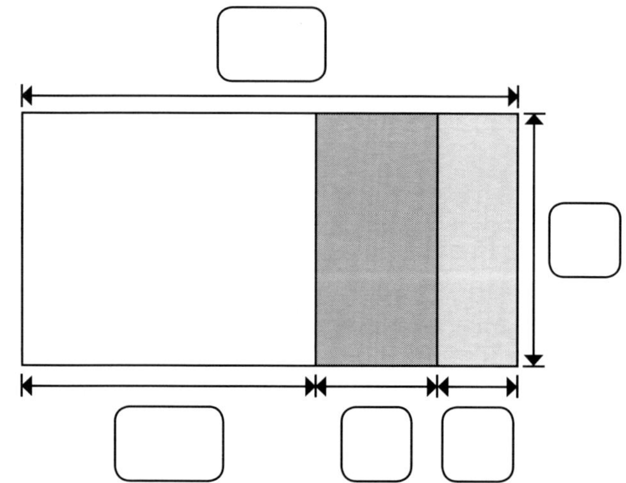

Nombre: ______________________ Fecha: ____________

Práctica adicional y tarea
Multiplicación

Actividad 2 Multiplicar sin reagrupación

Halla cada número que falta.

1. 6×50
   $= 6 \times$ ______ decenas
   $=$ ______ decenas
   $=$ ______

2. 4×300
   $= 4 \times$ ______ centenas
   $=$ ______ centenas
   $=$ ______

3. 70×3
   $=$ ______ decenas $\times 3$
   $=$ ______ decenas
   $=$ ______

4. 300×2
   $=$ ______ centenas $\times 2$
   $=$ ______ centenas
   $=$ ______

5. 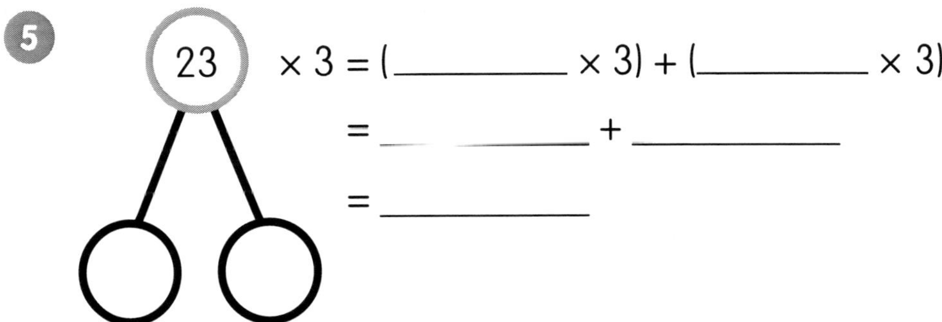

6. 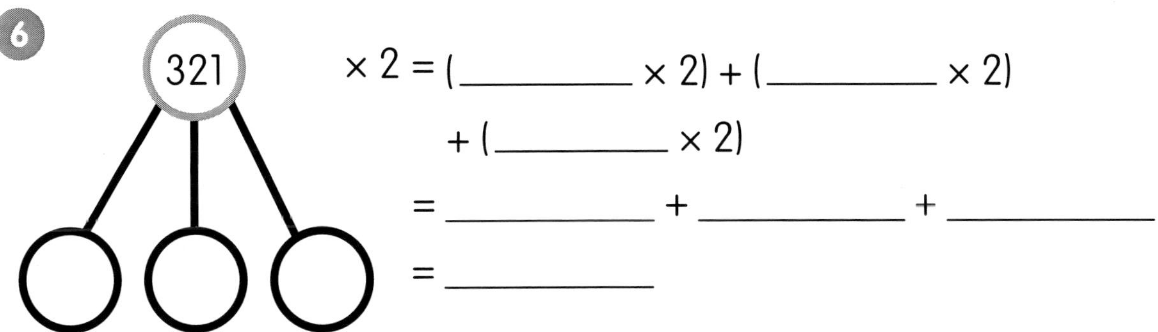

Multiplica.

7. $\begin{array}{r} 21 \\ \times \quad 5 \\ \hline \end{array}$

8. $\begin{array}{r} 30 \\ \times \quad 8 \\ \hline \end{array}$

9. $\begin{array}{r} 42 \\ \times \quad 3 \\ \hline \end{array}$

10. $\begin{array}{r} 110 \\ \times \quad 6 \\ \hline \end{array}$

11. $\begin{array}{r} 111 \\ \times \quad 5 \\ \hline \end{array}$

12. $\begin{array}{r} 132 \\ \times \quad 3 \\ \hline \end{array}$

13. $\begin{array}{r} 212 \\ \times \quad 4 \\ \hline \end{array}$

14. $\begin{array}{r} 101 \\ \times \quad 4 \\ \hline \end{array}$

15. $\begin{array}{r} 312 \\ \times \quad 2 \\ \hline \end{array}$

16. $\begin{array}{r} 112 \\ \times \quad 3 \\ \hline \end{array}$

Nombre: ______________________ Fecha: ____________

Práctica adicional y tarea
Multiplicación

Actividad 3 Multiplicar con reagrupación

Multiplica y empareja.

1. 23×4 • • 648

2. 79×4 • • 

3. 96×8 • • 92

4. 113×5 • • 654

5. 327×2 • • 316

6. 108×6 • • 768

7. $\begin{array}{r} 167 \\ \times \quad 3 \\ \hline \end{array}$ • • 3,024

8. $\begin{array}{r} 139 \\ \times \quad 7 \\ \hline \end{array}$ • • 1,782

9. $\begin{array}{r} 254 \\ \times \quad 3 \\ \hline \end{array}$ • • 2,256

10. $\begin{array}{r} 234 \\ \times \quad 4 \\ \hline \end{array}$ • • 1,896

11. $\begin{array}{r} 432 \\ \times \quad 7 \\ \hline \end{array}$ • • 501

12. $\begin{array}{r} 376 \\ \times \quad 6 \\ \hline \end{array}$ • • 936

13. $\begin{array}{r} 198 \\ \times \quad 9 \\ \hline \end{array}$ • • 762

14. $\begin{array}{r} 237 \\ \times \quad 8 \\ \hline \end{array}$ • • 973

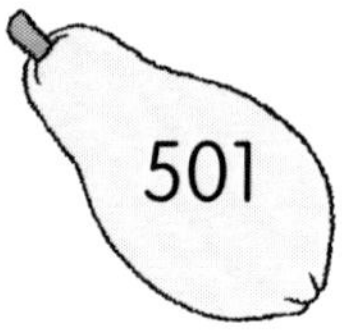

Nombre: ______________________________ Fecha: ______________

Hábito para matemáticas 2 Usar el razonamiento matemático

Te dan cinco tarjetas con números.

Forma una ecuación de multiplicación usando tres tarjetas con números.
El producto debe ser mayor a 500.
Explica cómo lo harías.

____

____

____

____

____

____

Hábito para matemáticas 1 Perseverar en la resolución de problemas

Te dan tres tarjetas con números.

a Forma un número de 2 dígitos y uno de 1 dígito usando las tarjetas con números. Luego, escribe una ecuación de multiplicación que dé como resultado el producto mayor.

____

b Forma un número de 2 dígitos y uno de 1 dígito usando las tarjetas con números. Luego, escribe una ecuación de multiplicación que dé como resultado el producto menor.

____

CONEXIONES DE LA ESCUELA A LA CASA

Capítulo 6

Usar modelos de barras: las cuatro operaciones

Estimada familia:

En este capítulo, su hijo aprenderá a resolver problemas cotidianos que involucran las cuatro operaciones (suma, resta, multiplicación y división). La habilidad que practicará es la siguiente:

- usar modelos para resolver problemas cotidianos que involucran las cuatro operaciones

Práctica matemática

Usar modelos de barras ayuda a su hijo a separar la información de un problema cotidiano en sus componentes. Al terminar el capítulo, realice con su hijo esta actividad, que le servirá para practicar el uso de modelos de barras.

Actividad

- Pregunte a su hijo cuántos años tiene.
- Muestre el siguiente modelo de barras y pregunte a su hijo: "¿Cuántos años tiene alguien con 8 veces más años que tú?".

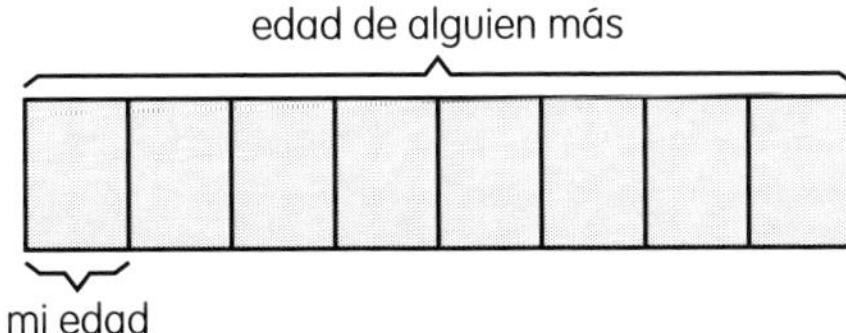

- Muestre el siguiente modelo de barras y pregúntele: "¿Cuántos años tendría alguien que es 24 años menor que esa persona (la que tiene 8 veces tu edad)?".

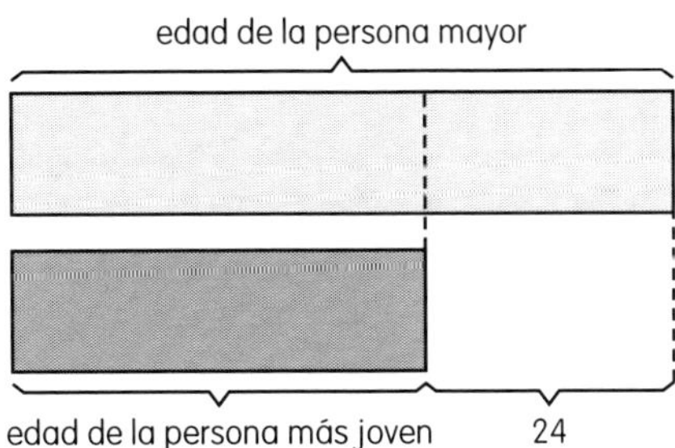

Ayude a su hijo para entender que puede usar un **modelo de barras** para representar información de un problema cotidiano y ayudar a resolverlo.

Pídale que lea el siguiente problema cotidiano y que explique el modelo de barras. Quizá tenga que recordarle que la palabra **doble** significa dos veces.

Hay 23 bolígrafos rojos. El número de bolígrafos azules es el doble del número de bolígrafos rojos. ¿Cuántos bolígrafos azules hay?

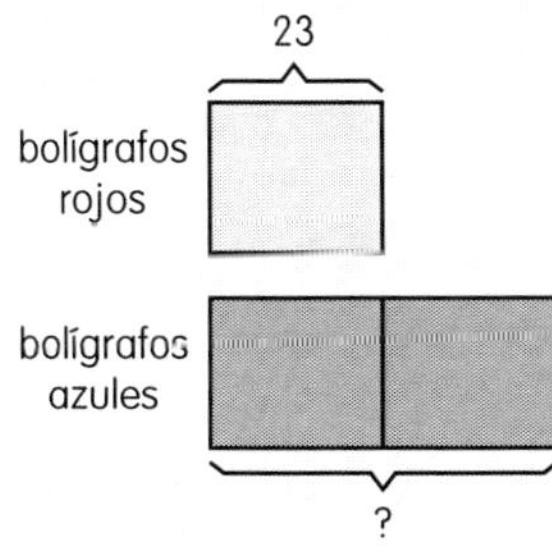

$23 \times 2 = 46$

Hay 46 bolígrafos azules.

PÁGINA EN BLANCO

Nombre: ______________________ Fecha: ____________

Práctica adicional y tarea
Usar modelos de barras: las cuatro operaciones

Actividad 1 Problemas cotidianos: multiplicación

Resuelve. Muestra el proceso. Usa el modelo de barras como ayuda.

1. Alex completa 9 páginas de un álbum con estampillas de otros países. En cada página hay 7 estampillas. ¿Cuántas estampillas de otros países colecciona Alex?

?

_______ unidad = _______

_______ unidades = _______ × _______

= _______

Alex colecciona _______ estampillas de otros países.

2. Veo 12 gatos en un parque. Cada gato tiene el mismo número de patas. ¿Cuántas patas tienen los gatos en total?

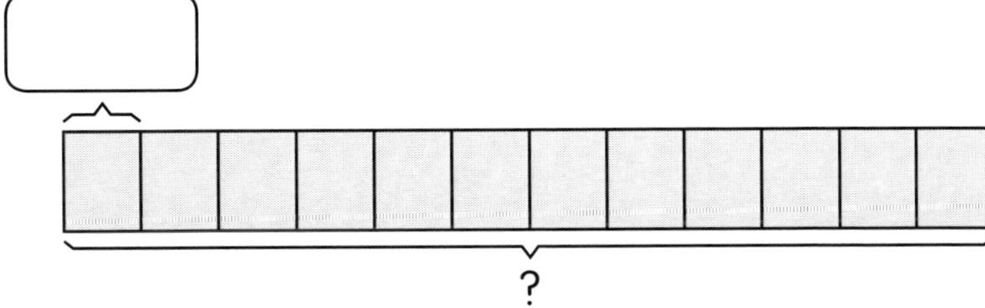

3 Hay 5 salas de exposición en un museo. En cada sala hay 10 visitantes. ¿Cuántos visitantes hay en total?

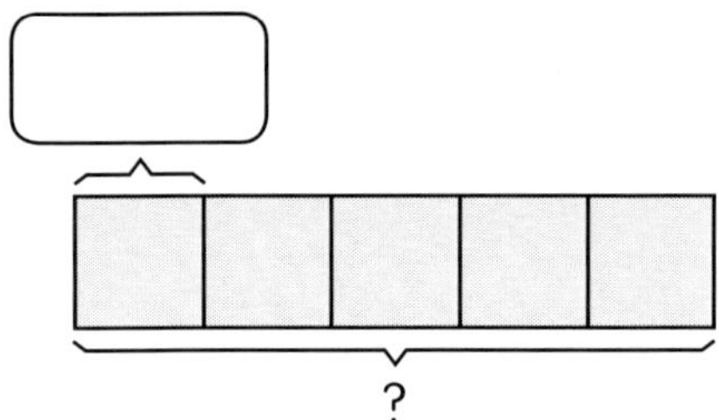

Resuelve. Muestra el proceso. Usa el modelo de barras como ayuda.

4 Hay 8 niveles en un estacionamiento. En cada nivel hay 11 automóviles estacionados. ¿Cuántos automóviles hay en total en el estacionamiento?

Resuelve. Muestra el proceso. Usa el modelo de barras como ayuda.

5 Kylie hornea 6 galletas. Luego hornea 3 veces más panecillos que galletas. ¿Cuántas galletas y panecillos horneó Kylie en total?

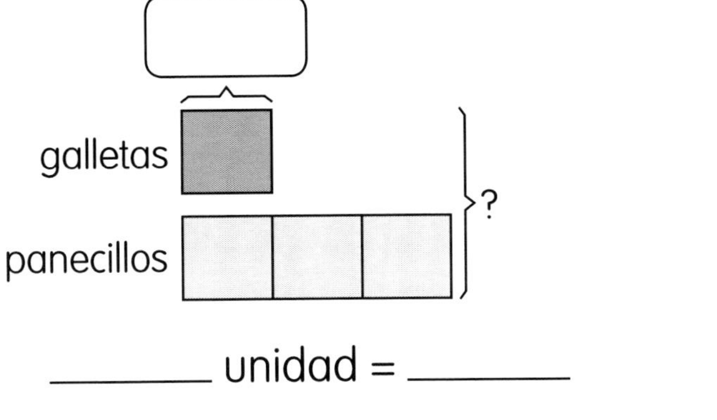

______ unidad = ______

______ unidades = ______ × ______

= ______

En total, Kylie hornea ______ galletas y panecillos.

6 Hay 12 adultos en un sala. Hay dos veces más niños que adultos. ¿Cuántos adultos y niños hay en la sala en total?

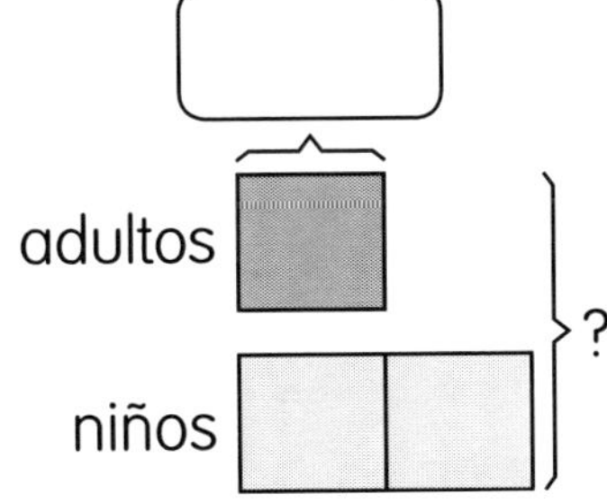

7 Hay 11 monedas en una bolsa. Hay 6 veces más monedas en una caja que en la bolsa. ¿Cuántas monedas hay en total?

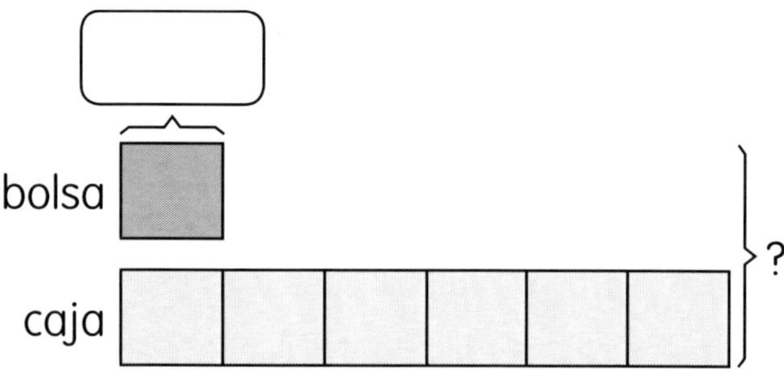

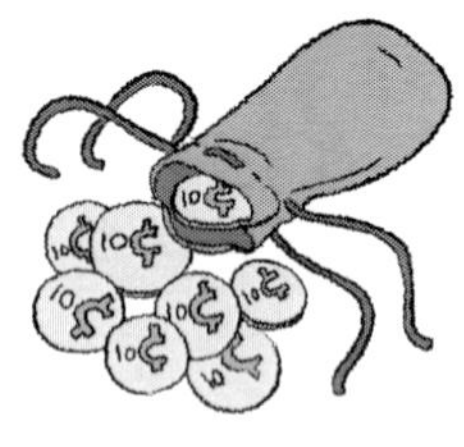

Resuelve. Muestra el proceso. Dibujar un modelo de barras como ayuda.

8 Cole tiene 9 peluches. Tiene 5 veces más figuras de acción que peluches. ¿Cuántos peluches y figuras de acción tiene Cole en total?

Nombre: ______________________________ Fecha: ______________

Práctica adicional y tarea
Usar modelos de barras: las cuatro operaciones

Actividad 2 Problemas cotidianos: división

Resuelve. Muestra el proceso. Usa el modelo de barras como ayuda.

1. Daniel tiene 90 frijoles rojos. Divide equitativamente los frijoles en 10 ollas. ¿Cuántos frijoles rojos hay en cada olla?

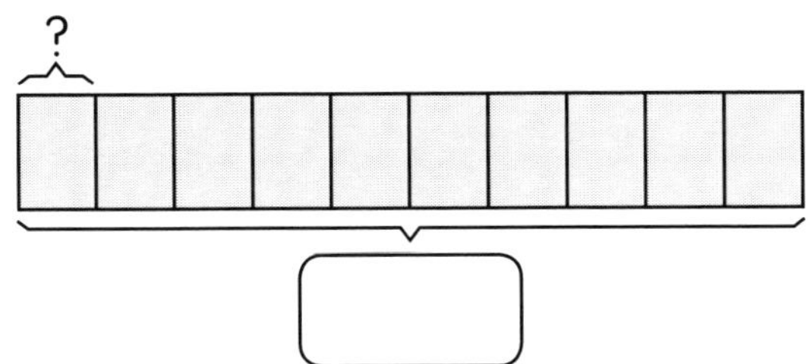

_______ unidades = _______

_______ unidad = _______ ÷ _______

= _______

Hay _______ frijoles rojos en cada olla.

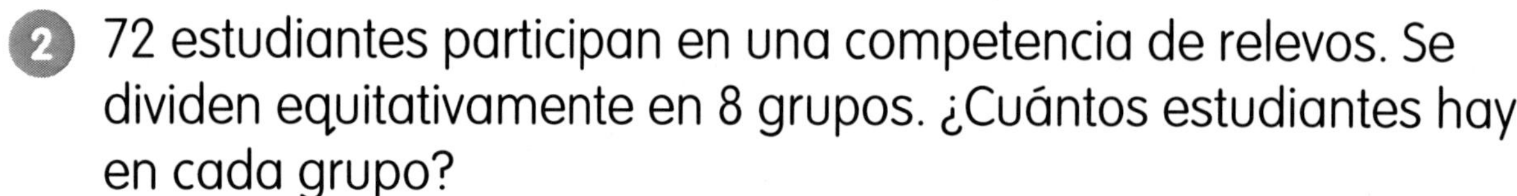

2 72 estudiantes participan en una competencia de relevos. Se dividen equitativamente en 8 grupos. ¿Cuántos estudiantes hay en cada grupo?

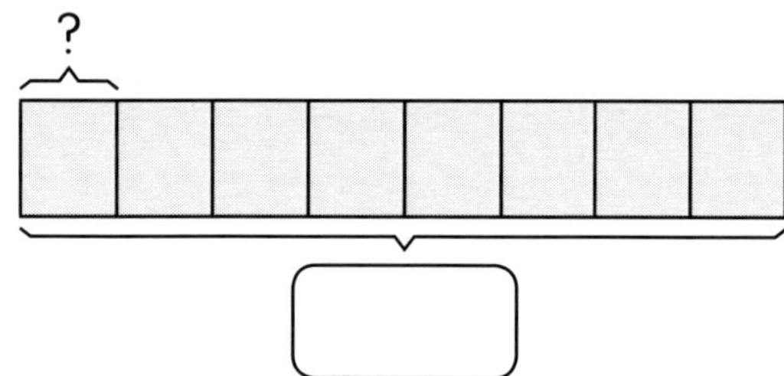

Resuelve. Muestra el proceso. Dibuja modelos de barras como ayuda.

3. Faith decora 6 camisas con 42 cuentas. Usa el mismo número de cuentas en cada camisa. ¿Cuántas cuentas usa para decorar cada camisa?

4 Ali tiene 120 adhesivos y 12 tarjetas. Quiere pegar el mismo número de adhesivos en cada tarjeta. ¿Cuántos adhesivos pega en cada tarjeta?

5 La Sra. Turner tomó en total 20 tazas de té en 5 días.
Cada día tomó el mismo número de tazas.
¿Cuántas tazas tomó cada día?

Resuelve. Muestra el proceso. Usa el modelo de barras como ayuda.

6 El Sr. Brown le dio 24 duraznos a Carla y Caleb. Caleb recibió el doble de duraznos que Carla. ¿Cuántos duraznos recibió Carla?

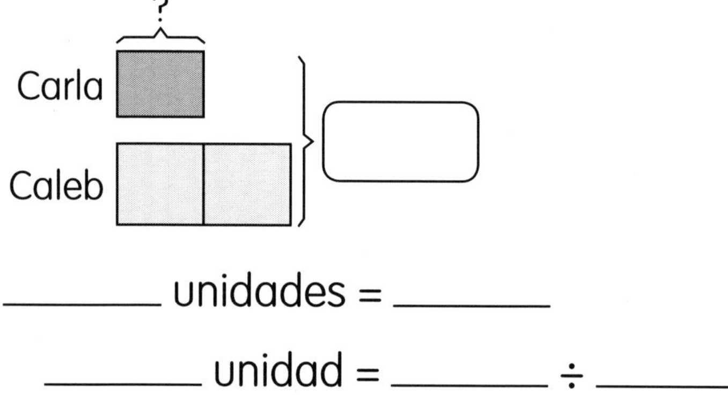

_______ unidades = _______

_______ unidad = _______ ÷ _______

= _______

Carla recibió _______ duraznos.

7 Hay 36 vacas en la granja de la Sra. López. Hay 6 veces más vacas que ovejas. ¿Cuántas ovejas hay en la granja de la Sra. López?

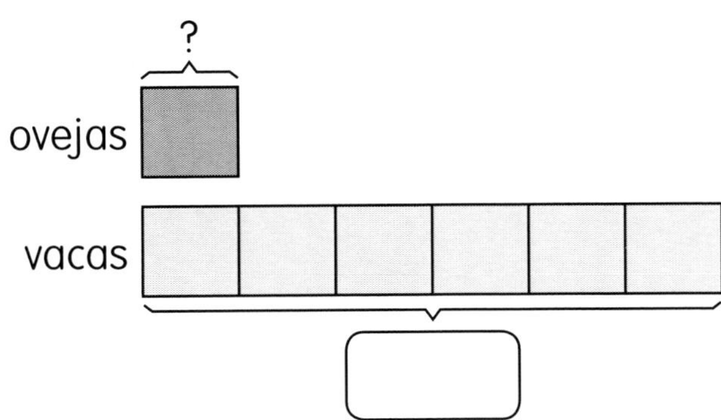

Resuelve. Muestra el proceso. Haz modelos de barras como ayuda.

8. Tyler tiene en total 48 libros de ficción y no ficción. Tiene 3 veces más libros de ficción que de no ficción. ¿Cuántos libros de no ficción tiene Tyler?

Nombre: ______________________ Fecha: ______________

Práctica adicional y tarea
Usar modelos de barras: las cuatro operaciones

Actividad 3 Problemas cotidianos: cuatro operaciones

Resuelve. Muestra el proceso. Usa el modelo de barras como ayuda.

1. Había 91 bolígrafos en una tienda. Había 28 gomas de borrar menos que bolígrafos. 9 estudiantes compraron todas las gomas de borrar. Cada estudiante compró el mismo número de gomas de borrar.

   a ¿Cuántas gomas de borrar había en la tienda?

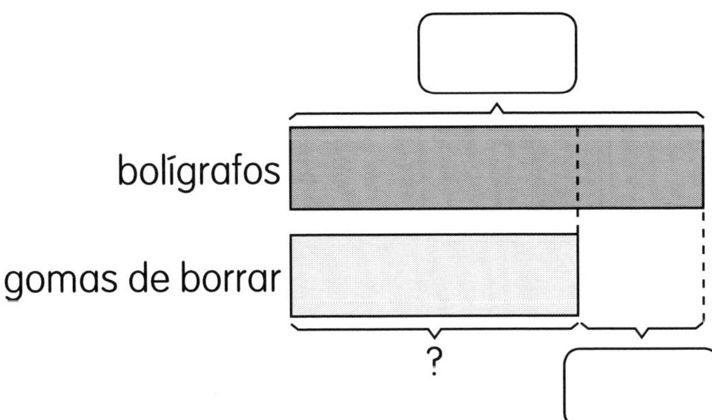

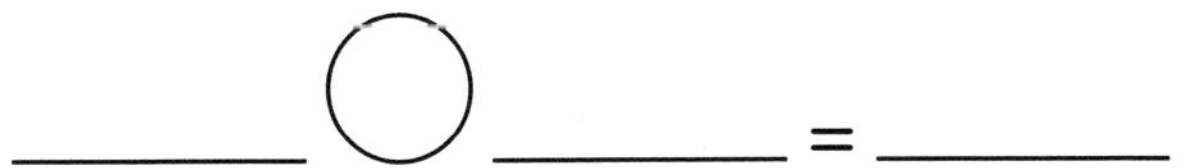

Había ______ gomas de borrar en la tienda.

b ¿Cuántas gomas de borrar compró cada estudiante?

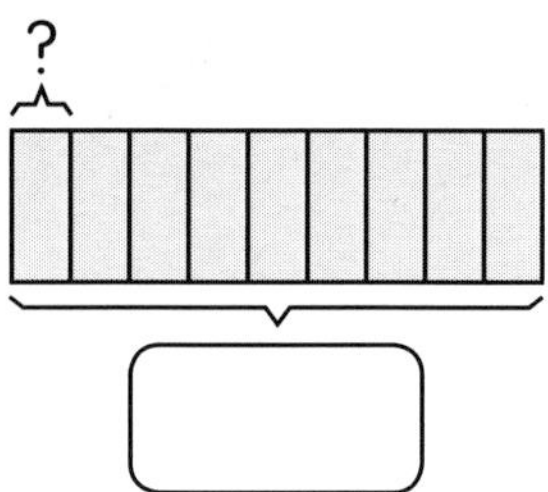

______ ◯ ______ = ______

Cada estudiante compró ______ gomas de borrar.

Resuelve. Muestra el proceso. Dibuja modelos de barras como ayuda.

2. La Sra. Martin tiene 23 anillos y 97 pares de aretes. Pone sus joyas equitativamente en 10 cajas. ¿Cuántas joyas hay en cada caja?

Resuelve. Muestra el proceso. Usa el modelo de barras como ayuda.

3. Hay 108 niños en un autobús. El número de niños es 12 veces el número de adultos en el autobús.

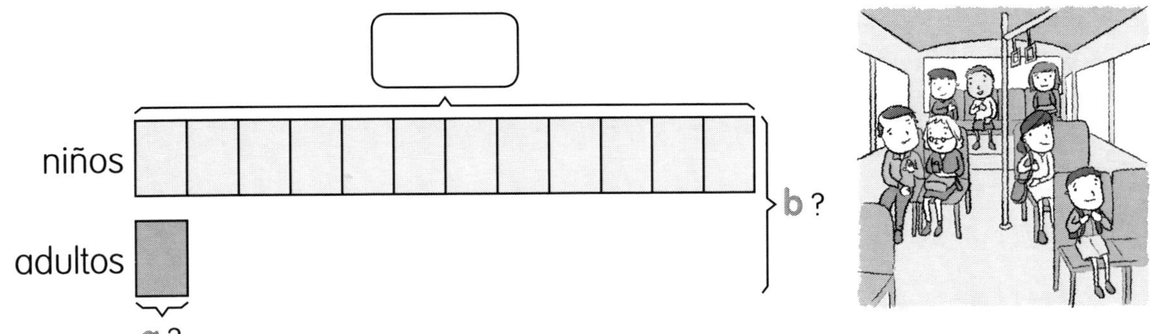

a ¿Cuántos adultos hay en el autobús?

______ unidades = ______

______ unidad = ______ ÷ ______

= ______

Hay ______ adultos en el autobús.

b ¿Cuántas personas hay en el autobús?

______ ◯ ______ = ______

Hay ______ personas en el autobús.

Resuelve. Muestra el proceso. Dibuja modelos de barras como ayuda.

4. Algunos estudiantes tomaron parte en un juego de la feria escolar. El número de estudiantes de los grados superiores fue 3 veces el número de estudiantes de los grados inferiores. Luego, los estudiantes se dividieron equitativamente en 6 grupos de 10.

   a ¿Cuántos estudiantes había de los grados inferiores?

   b ¿Cuántos estudiantes en total tomaron parte en el juego?

Resuelve. Muestra el proceso. Usa el modelo de barras como ayuda.

5 El granjero Logan cultiva 75 espigas de trigo en un campo. Cultiva 4 veces más matas de maíz que espigas de trigo.

a ¿Cuántas matas de maíz cultiva el granjero Logan?

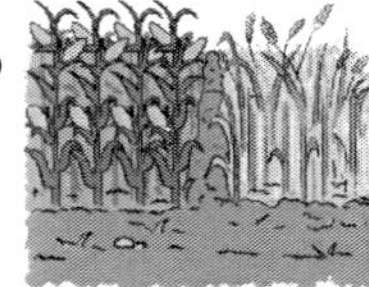

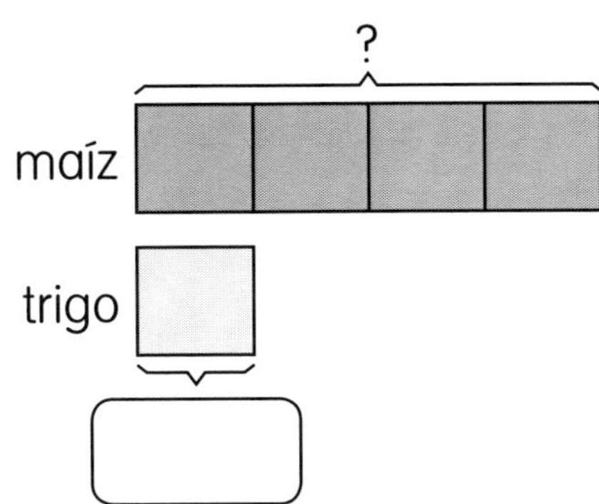

El granjero Logan cultiva ______ matas de maíz.

b El granjero Logan corta 124 matas de maíz. ¿Cuántas matas quedan en el campo?

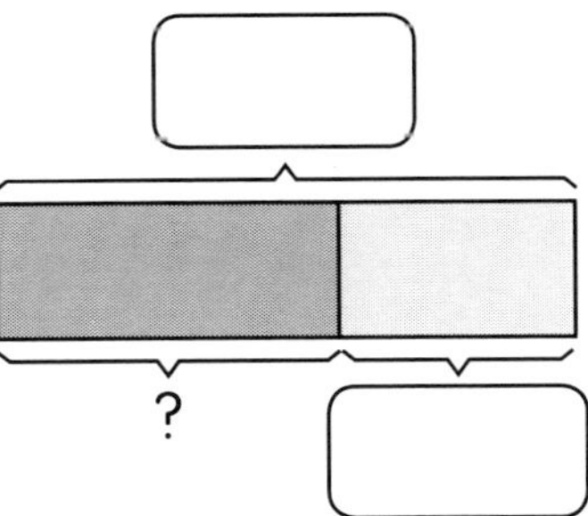

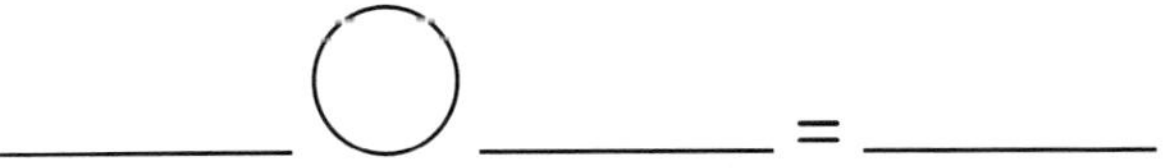

Quedan ______ matas de maíz en el campo.

Resuelve. Muestra el proceso. Dibuja modelos de barras como ayuda.

6. Bella hace 579 brazaletes para vender. Quiere guardarlos en 12 cajas. En cada una de las primeras 11 cajas empaca 50 brazaletes. ¿Cuántos brazaletes empacará en la última caja?

Nombre: ______________________ Fecha: ____________

Hábito para matemáticas 1 Perseverar en la resolución de problemas

Numera los pasos para resolver el problema cotidiano.

Problema cotidiano:
Lucas tenía el doble de adhesivos que Rachel. Cuando Rachel compró otros 50 adhesivos, tuvo 3 veces más adhesivos que Lucas. ¿Cuántos adhesivos tenía Lucas?

Número	Paso
	Comprende el problema.
	Lucas [2 unidades] Rachel [6 unidades] 50
	Realiza el plan.
	Rachel compró otros 50 adhesivos. Necesitamos sumar estos 50 adhesivos al modelo de Rachel.
	Resuelve el problema haciendo modelos de barras. Lucas [2 unidades] Rachel [1 unidad]
	Piensa en un plan para resolver el problema.
	5 unidades = 50 1 unidad = 50 ÷ 5 = 10 2 unidades = 10 × 2 = 20 Lucas tenía 20 adhesivos.

Hábito para matemáticas 4 Usar modelos matemáticos

Luis horneó 51 magdalenas de fresa, vainilla y mango. Horneó 7 magdalenas de fresa más que de mango. Horneó 4 magdalenas de vainilla menos que de mango. ¿Cuántas magdalenas de vainilla horneó?

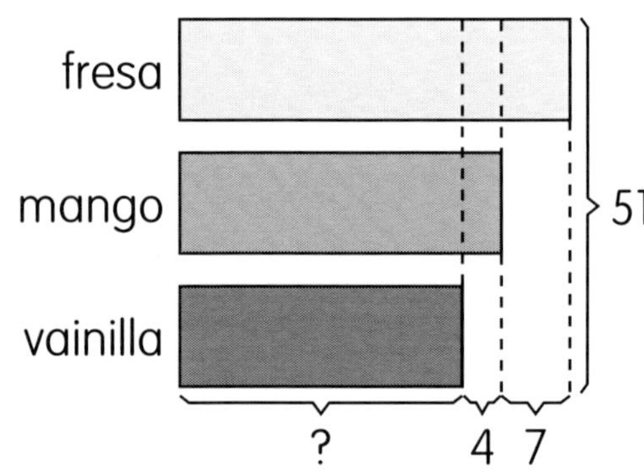